Nietzsche

COLEÇÃO DAS OBRAS DE NIETZSCHE
Coordenação de Paulo César de Souza

*Além do bem e do mal* — *Prelúdio a uma filosofia do futuro*
*O Anticristo* — *Maldição ao cristianismo* e
    *Ditirambos de Dionísio*
*Assim falou Zaratustra* — *Um livro para todos e para ninguém*
*Aurora* — *Reflexões sobre os preconceitos morais*
*O caso Wagner* — *Um problema para músicos*
    e *Nietzsche contra Wagner* — *Dossiê de um psicólogo*
*Crepúsculo dos ídolos* — *ou Como se filosofa com o martelo*
*Ecce homo* — *Como alguém se torna o que é*
*A gaia ciência*
*Genealogia da moral* — *Uma polêmica*
*Humano, demasiado humano* — *Um livro para espíritos livres*
*Humano, demasiado humano* — *Um livro para espíritos livres* — *volume II*
*O nascimento da tragédia* — *ou Helenismo e pessimismo*

FRIEDRICH NIETZSCHE

# O ANTICRISTO
*Maldição ao cristianismo*

# DITIRAMBOS
# DE DIONÍSIO

Tradução, notas e posfácio
Paulo César de Souza

*2ª reimpressão*

Copyright da tradução, notas e posfácio
© 2007 by Paulo César Lima de Souza

*Grafia atualizada segundo o Acordo Ortográfico da Língua Portuguesa de 1990, que entrou em vigor no Brasil em 2009.*

*Título original*
Der Antichrist. Fluch auf das Christentum [1888]
Dionysos-Dithyramben [1888]

*Capa*
Jeff Fisher

*Preparação*
Márcia Copola

*Revisão*
Renato Potenza Rodrigues e Larissa Lino Barbosa

*Atualização ortográfica*
Verba Editorial

Dados Internacionais de Catalogação na Publicação (CIP)
(Câmara Brasileira do Livro, SP, Brasil)

Nietzsche, Friedrich Wilhelm, 1844-1900.
 O Anticristo : maldição ao cristianismo : Ditirambos de Dionísio / Friedrich Wilhelm Nietzsche ; tradução, notas e posfácio Paulo César de Souza. — 1ª ed. — São Paulo : Companhia de Bolso, 2016.

 Título original: Der Antichrist : Fluch auf das Christentum [1888] : Dionysos-Dithyramben [1888].
 ISBN 978-85-359-2817-4

 1. Anticristo 2. Cristianismo — Filosofia 3. Cristianismo — Literatura controversa 4. Dionísio (Divindade grega) 5. Filosofia alemã 6. Poesia alemã I. Souza, Paulo César de. II Título.

16-07735                                                             CDD-193

Índice para catálogo sistemático:
1. Nietzsche : Filosofia alemã 193

2021

Todos os direitos desta edição reservados à
EDITORA SCHWARCZ S.A.
Rua Bandeira Paulista 702 cj. 32
04532-002 — São Paulo — SP
Telefone: (11) 3707 3500
www.companhiadasletras.com.br
www.blogdacompanhia.com.br
facebook.com/companhiadasletras
instagram.com/companhiadasletras
twitter.com/cialetras

# SUMÁRIO

O ANTICRISTO  *7*

Prólogo  *9*
Seções 1 a 62  *10*
Lei contra o cristianismo  *80*

DITIRAMBOS DE DIONÍSIO  *81*

Somente louco! Somente poeta!  *83*
O deserto cresce: ai daquele que abriga desertos...  *91*
Última vontade  *101*
Entre aves de rapina  *103*
O sinal de fogo  *111*
O sol se põe  *113*
O lamento de Ariadne  *119*
Fama e eternidade  *127*
Da pobreza do mais rico  *135*

Notas  *142*
Posfácio  *153*
Índice remissivo  *159*
Sobre o autor e o tradutor  *165*

# O Anticristo
*Maldição ao cristianismo*

# PRÓLOGO

Este livro é para pouquíssimos. E talvez eles ainda não existam. Seriam aqueles que compreendem meu Zaratustra: como *poderia eu* me confundir com aqueles para os quais há ouvidos agora? — Apenas o depois de amanhã é meu. Alguns nascem póstumos.

As condições para que alguém me entenda, e me entenda *por necessidade*, eu as conheço muito bem. Nas coisas do espírito é preciso ser honesto até a dureza, para apenas suportar a minha seriedade, a minha paixão. É preciso estar habituado a viver nos montes — a ver *abaixo* de si a deplorável tagarelice atual da política e do egoísmo de nações. É preciso haver se tornado indiferente, é preciso jamais perguntar se a verdade é útil, se ela vem a ser uma fatalidade para alguém... Uma predileção, própria da força, por perguntas para as quais ninguém hoje tem a coragem; a coragem para o *proibido*; a predestinação ao labirinto. Uma experiência de sete solidões. Novos ouvidos para nova música. Novos olhos para o mais distante. Uma nova consciência para verdades que até agora permaneceram mudas. *E* a vontade para a economia de grande estilo: manter junta sua força, seu *entusiasmo*... A reverência a si mesmo; o amor a si; a incondicional liberdade ante si mesmo...

Pois bem! Esses são os meus leitores, meus verdadeiros leitores, meus predestinados leitores: que importa o *resto*? — O resto é apenas a humanidade. — É preciso ser superior à humanidade pela força, pela *altura* da alma — pelo desprezo...

*Friedrich Nietzsche*

**1.** Olhemo-nos nos olhos. Nós somos hiperbóreos — sabemos muito bem como vivemos à parte. "Nem por terra nem por mar encontrarás o caminho até os hiperbóreos": Píndaro já sabia isso de nós.[1] Além do norte, do gelo, da morte — *nossa* vida, *nossa* felicidade... Nós descobrimos a felicidade, sabemos o caminho, achamos a saída de milênios de labirinto. Quem *mais* a encontrou? — O homem moderno talvez? "Não sei para onde vou; sou todo aquele que não sabe para onde vai" — suspira o homem moderno... *Dessa* modernidade estávamos doentes — da paz viciada, do compromisso covarde, de todo o virtuoso desasseio do moderno Sim e Não. Essa tolerância e *largeur* [largueza] de coração, que tudo "perdoa", porque tudo "compreende", é *siroco* para nós.[2] Melhor viver no gelo do que entre virtudes modernas e outros ventos meridionais!... Fomos valentes o bastante, não poupamos a nós nem aos outros: mas havia muito não sabíamos *aonde ir* com nossa valentia. Tornamo-nos sombrios, chamaram-nos de fatalistas. *Nosso fatum* [fado, destino] — era a plenitude, a tensão, a contenção das forças. Éramos ávidos de relâmpagos e atos, ficávamos o mais longe possível da felicidade dos fracotes, da "resignação"... Um temporal estava em nosso ar, a natureza que somos escureceu — *pois não tínhamos caminho*. A fórmula de nossa felicidade: um Sim, um Não, uma linha reta, uma *meta*...

**2.** O que é bom? — Tudo o que eleva o sentimento de poder, a vontade de poder, o próprio poder no homem.

O que é mau? — Tudo o que vem da fraqueza.

O que é felicidade? — O sentimento de que o poder *cresce*, de que uma resistência é superada.

*Não* a satisfação, mas mais poder; sobretudo *não* a paz, mas a guerra; *não* a virtude, mas a capacidade (virtude à maneira da Renascença, *virtù*, virtude isenta de moralina).[3]

Os fracos e malogrados devem perecer: primeiro princípio de *nosso* amor aos homens. E deve-se ajudá-los nisso.

O que é mais nocivo que qualquer vício? — A ativa compaixão por todos os malogrados e fracos — o cristianismo...

**3.** O problema que aqui coloco não é o que sucederá a humanidade na sequência dos seres (— o homem é um *final* —); mas sim que tipo de homem deve-se *cultivar*, deve-se *querer*, como de mais alto valor, mais digno de vida, mais certo de futuro.

Já houve, frequentemente, esse tipo de mais alto valor: mas como acaso feliz, como exceção, jamais como algo *querido*. Ele foi, isto sim, o mais temido, foi praticamente *o* temível até agora; — e a partir do temor foi querido, cultivado, *alcançado* o tipo oposto: o animal doméstico, o animal de rebanho, o animal doente homem — o cristão...

**4.** A humanidade *não* representa um desenvolvimento para melhor ou mais forte ou mais elevado, do modo como hoje se acredita. O "progresso" é apenas uma ideia moderna, ou seja, uma ideia errada. O europeu de hoje permanece, em seu valor, muito abaixo do europeu da Renascença; mais desenvolvimento *não* significa absolutamente, por alguma necessidade, elevação, aumento, fortalecimento.

Num outro sentido se acha um contínuo êxito de casos particulares, nos mais diversos lugares da Terra e nas mais diversas culturas, nos quais um *tipo mais elevado* realmente se manifesta: algo que, em relação à humanidade como um todo, é uma espécie de super-homem. Tais acasos felizes de grande êxito sempre foram possíveis e talvez sempre serão. E tribos, estirpes, povos inteiros podem, em algumas circunstâncias, representar um tal *acerto*.

**5.** Não se deve embelezar e ataviar o cristianismo: ele travou uma *guerra de morte* contra esse tipo *mais elevado* de homem, ele proscreveu todos os instintos fundamentais desse tipo, ele destilou desses instintos o mal, o homem mau — o ser forte como o tipicamente reprovável, o "réprobo". O cristianismo tomou o partido de tudo o que é fraco, baixo, malogrado, transformou em ideal aquilo que *contraria* os instintos de conservação da vida forte; corrompeu a própria razão das naturezas mais fortes de espírito, ensinando-lhes a perceber como pecaminosos, como enganosos, como *tentações* os valores supremos do espírito. O exemplo mais lastimável — a corrupção de Pascal,[4] que acreditava na corrupção de sua razão pelo pecado original, quando ela fora corrompida apenas por seu cristianismo! —

**6.** Um espetáculo doloroso, pavoroso, abriu-se à minha frente: eu afastei a cortina ante a *deterioração* do homem. Essa palavra, em minha boca, está livre de pelo menos uma suspeita: a de conter uma acusação moral do homem. Ela é — quero mais uma vez sublinhar — *isenta de moralina*: e isso ao ponto de eu perceber mais fortemente essa deterioração precisamente onde, até agora, as pessoas aspiraram do modo mais consciente à "virtude", à "divindade". Eu entendo a deterioração, já se nota, no sentido de *décadence*:[5] meu argumento é que todos os valores que agora resumem o desiderato supremo da humanidade são *valores de décadence*.

Digo que um animal, uma espécie, um indivíduo está corrompido quando perde seus instintos, quando escolhe, *prefere* o que lhe é desvantajoso. Uma história dos "sentimentos superiores", dos "ideais da humanidade" — e é possível que eu tenha de escrevê-la — também seria quase a explicação de *por que* o homem se acha tão corrompido.

A vida mesma é, para mim, instinto de crescimento, de duração, de acumulação de forças, de *poder*: onde falta a vontade de poder, há declínio. Meu argumento é que a todos os supremos valores da humanidade *falta* essa vontade — que valores de declínio, valores *niilistas* preponderam sob os nomes mais sagrados.

7. O cristianismo é chamado de religião da *compaixão*. — A compaixão se opõe aos afetos tônicos, que elevam a energia do sentimento de vida: ela tem efeito depressivo. O indivíduo perde força ao compadecer-se. A perda de força que o padecimento mesmo já acarreta à vida é aumentada e multiplicada pelo compadecer.[6] O próprio padecer torna-se contagioso através do compadecer; em determinadas circunstâncias pode-se atingir com ele uma perda geral de vida e energia vital, numa proporção absurda com o *quantum* da causa (— o caso da morte do Nazareno). Essa é a primeira consideração; mas há outra mais importante. Se medirmos a compaixão pelo valor das reações que costuma despertar, seu caráter vitalmente perigoso surge numa luz ainda mais clara. Em termos bem gerais, a compaixão entrava a lei da evolução, que é a lei da *seleção*. Conserva o que está maduro para o desaparecimento, peleja a favor dos deserdados e condenados da vida, pela abundância dos malogrados de toda espécie que *mantém* vivos, dá à vida mesma um aspecto sombrio e questionável. Ousou-se chamar a compaixão uma virtude (— em toda moral *nobre* é considerada fraqueza —); foi-se mais longe, fez-se dela *a* virtude, o solo e origem de todas as virtudes — apenas, é verdade, e não se deve jamais esquecer, do ponto de vista de uma filosofia que era niilista, que inscreveu no seu emblema a *negação da vida*. Schopenhauer estava certo nisso: através da compaixão a vida é negada, tornada *digna de negação* — compaixão é a *prática* do niilismo. Repito: esse instinto depressivo e contagioso entrava os instintos que tendem à conservação e elevação do valor da vida: é um instrumento capital na intensificação da *décadence*, como *multiplicador* da miséria e como *conservador* de tudo que é miserável — a compaixão persuade ao *nada*!... Mas não se diz "nada": diz-se "além"; ou "Deus"; ou "a *verdadeira* vida"; ou nirvana, salvação, bem-aventurança... Esta inocente retórica do âmbito da idiossincrasia moral-religiosa parece *muito menos inocente* quando se nota *qual* a tendência que aí veste o manto das palavras sublimes: a tendência *hostil à vida*. Schopenhauer era hostil à vida: *por isso* a compaixão tornou-se para ele uma virtude... Aristóteles, como

se sabe, viu na compaixão algo doentio e perigoso, que era bom atacar de vez em quando com um purgativo: ele entendeu a tragédia como purgativo.[7] De fato, com base no instinto da vida se deveria buscar um remédio para esse doentio e perigoso acúmulo de compaixão que aparece no caso de Schopenhauer (e, infelizmente, de toda a nossa *décadence* artística e literária, de São Petersburgo a Paris, de Tolstói a Wagner): aplicando-lhe uma alfinetada, para que ele *estoure*... Nada é tão pouco sadio, em meio à nossa pouco sadia modernidade, como a compaixão cristã. Ser médico *nisso*, ser implacável *nisso*, *nisso* manejar o bisturi — eis algo que diz respeito a *nós*, é a *nossa* espécie de amor ao próximo, dessa maneira é que somos filósofos, nós, *hiperbóreos!* —

**8.** É necessário dizer *quem* consideramos nossa antítese — os teólogos e todos os que têm sangue de teólogo nas veias — toda a nossa filosofia... É preciso ter visto a fatalidade de perto, ou melhor, tê-la experimentado em si mesmo, ter quase sucumbido a ela, para não mais ver graça nenhuma nisso (— o livre-pensar de nossos naturalistas e fisiologistas é uma *graça* a meus olhos — falta-lhes a paixão nessas coisas, o *padecer* por elas —). Esse envenenamento vai muito mais longe do que se pensa: reencontrei o instinto de arrogância dos teólogos onde quer que hoje alguém se ache "idealista" — onde, em virtude de uma origem mais elevada, arrogue-se o direito de olhar para a realidade de modo alheio e superior... Exatamente como o sacerdote, o idealista tem na mão todos os grandes conceitos (— e não só na mão!), com benévolo desprezo ele os põe em jogo contra o "entendimento", os "sentidos", as "honras", o "bem viver", a "ciência", ele vê tais coisas *abaixo* de si, como forças nocivas e sedutoras, sobre as quais "o espírito" paira em pura "para-si-mesmidade":[8] — como se humildade, castidade, pobreza — numa palavra: *santidade* — não tivessem até agora prejudicado mais indizivelmente a vida do que quaisquer horrores e vícios... O espírito puro é a pura mentira... Enquanto o sacerdote, esse negador, caluniador, envenenador *profissional* da vida, for tido como uma espécie *mais elevada* de homem, não haverá resposta para a pergunta: que *é* verdade? Já se colocou a verdade de cabeça para baixo, quando o consciente advogado do nada e da negação é tido como representante da "verdade"...

**9.** A esse instinto de teólogo eu faço guerra: encontrei sua pista em toda parte. Quem possui sangue de teólogo no corpo, já tem ante todas as coisas uma atitude enviesada e desonesta. O *páthos* que daí se desenvolve chama a si mesmo de *fé*: cerrar os olhos a si mesmo de uma vez por todas, para não sofrer da visão da incurável falsidade. Dessa defeituosa ótica em relação às coisas a pessoa faz uma moral, uma virtude, uma santidade, vincula a *boa* consciência à *falsa* visão — exige que nenhuma *outra* ótica possa mais ter valor, após tornar sacrossanta a sua própria, usando as palavras "Deus", "salvação", "eternidade". Desencavei o instinto de teólogo em toda parte: é a mais disseminada, a forma realmente *subterrânea* de falsidade que existe na Terra. O que um teólogo percebe como verdadeiro *tem* de ser falso: aí se tem quase que um critério da verdade. Seu mais fundo instinto de conservação proíbe que a realidade receba honras ou mesmo assuma a palavra em algum ponto. Até onde vai a influência do teólogo, o *julgamento de valor* está de cabeça para baixo, os conceitos de "verdadeiro" e "falso" estão necessariamente invertidos: o que é mais prejudicial à vida chama-se "verdadeiro", o que a realça, eleva, afirma, justifica e faz triunfar chama-se "falso"... Se acontece de os teólogos, através da "consciência" dos príncipes (*ou* dos povos —), estenderem a mão para o *poder*, não duvidemos do que no fundo sempre se dá: a vontade de fim, a vontade *niilista* quer alcançar o poder...

**10.** Entre os alemães compreende-se de imediato, quando digo que a filosofia está corrompida pelo sangue dos teólogos. O pastor protestante é o avô da filosofia alemã, o protestantismo mesmo é o seu *peccatum originale*. Definição do protestantismo: a hemiplegia do cristianismo — *e* da razão... Basta falar a expressão "Seminário de Tübingen"[9] para compreender *o que* é a filosofia alemã no fundo — uma teologia *insidiosa*... Os suábios são os melhores mentirosos da Alemanha, eles mentem inocentemente... A que se deve o júbilo que o aparecimento de Kant provocou no mundo erudito[10] alemão, três quartos do qual é composto de filhos de pastores e professores — e a convicção alemã, que ainda hoje ecoa, de que Kant deu início a uma virada para *melhor*? O instinto de teólogo do erudito alemão adivinhou *o que* se tornara novamente possível... Estava aberta uma trilha oculta para o velho ideal, o conceito de "mundo *verdadeiro*", o conceito da moral como *essência* do mundo (— os dois erros mais malignos que existem!) eram novamente, graças a um sagaz e manhoso ceticismo, se não demonstráveis, não mais *refutáveis* pelo menos... A razão, o *direito* da razão não vai tão longe... Havia se feito da realidade uma "aparência"; um mundo inteiramente *inventado*, o do ser, fora tornado realidade... O sucesso de Kant é apenas um sucesso de teólogo: ele foi, como Lutero, como Leibniz, um freio a mais na retidão alemã, já não muito firme por si. —

11. Ainda uma palavra contra Kant como *moralista*. Uma virtude tem de ser *nossa* invenção, *nossa* defesa e necessidade personalíssima: em qualquer outro sentido é apenas um perigo. O que não é condição de nossa vida a *prejudica*: virtude oriunda apenas de um sentimento de respeito ao conceito de "virtude", como queria Kant, é prejudicial. A "virtude", o "dever", o "bom em si", o bom com o caráter da impessoalidade e validade geral — fantasias nas quais se exprime o declínio, o esgotamento final da vida, o chinesismo königsberguiano.[11] As mais profundas leis da conservação e do crescimento exigem o oposto: que cada qual invente *sua* virtude, *seu* imperativo categórico. Um povo perece, quando confunde *seu* dever com o conceito de dever em geral. Nada arruína mais profundamente, mais intimamente do que todo dever "impessoal", todo sacrifício ante o Moloch da abstração.[12] — Que não se tenha percebido o imperativo categórico de Kant como *perigoso para a vida*!... Apenas o instinto dos teólogos o tomou em proteção! — Uma ação imposta pelo

instinto da vida tem no prazer a prova de que é uma ação *justa*: e esse niilista com vísceras cristã-dogmáticas entendeu o prazer como *objeção*... O que destrói mais rapidamente do que trabalhar, pensar, sentir sem necessidade interna, sem uma profunda escolha pessoal, sem *prazer*? como autômato do "dever"? É a própria *receita* da *décadence*, até mesmo do idiotismo... Kant se tornou idiota.[13] — E era contemporâneo de *Goethe*! Essa aranha nefasta[14] era considerada o filósofo *alemão* — é ainda!... Guardo-me de dizer o que penso dos alemães... Kant não viu na Revolução Francesa a passagem da forma inorgânica de Estado para a *orgânica*? Não se perguntou se existe um evento que não pode ser explicado senão por uma disposição moral da humanidade, de modo que com ele estaria *provada*, de uma vez por todas, a "tendência da humanidade para o bem"? Resposta de Kant: "é a Revolução".[15] O espírito equivocado em tudo e por tudo, a antinatureza como instinto, a *décadence* alemã como filosofia — *isso é Kant*! —

**12.** Ponho de lado alguns céticos, o tipo decente na história da filosofia: mas o restante não conhece as exigências primeiras da retidão intelectual. Fazem todos eles como as mulherezinhas, esses grandes entusiastas e prodígios — já tomam os "belos sentimentos" por argumentos, o "peito erguido" por um fole da divindade, a convicção por *critério* da verdade. E Kant enfim, com inocência "alemã", tentou tornar científica, com o conceito de "razão prática", essa forma de corrupção, essa falta de consciência intelectual: inventou uma razão expressamente para o caso em que não é preciso preocupar-se com a razão, ou seja, quando a moral, quando a sublime exigência "tu deves" faz ouvir sua voz. Se consideramos que em quase todos os povos o filósofo é apenas o prosseguimento do tipo sacerdotal, já não surpreende esse legado do sacerdote, a *falsificação de moeda para si mesmo*. Quando a pessoa tem tarefas sagradas, como melhorar, salvar, redimir os homens, quando carrega no peito a divindade, quando é porta-voz de imperativos do além, uma tal missão já a situa do lado de fora de toda avaliação apenas racional

— já está mesmo santificada por essa tarefa, já é mesmo o tipo de uma ordem mais elevada!... Que importa a ciência para um sacerdote? Ele está muito acima disso! — E o sacerdote *dominou* até agora! Ele *determinou* os conceitos de "verdadeiro" e "não verdadeiro"!...

**13.** Não subestimemos isto: *nós mesmos*, nós, espíritos livres, já somos uma "tresvaloração de todos os valores",[16] uma *encarnada* declaração de guerra e de vitória em relação a todos os velhos conceitos de "verdadeiro" e "não verdadeiro". As percepções mais valiosas são alcançadas por último; mas as percepções mais valiosas são os *métodos*. *Todos* os métodos, *todos* os pressupostos da cientificidade de hoje tiveram contra si, por milhares de anos, o mais profundo desprezo; por causa deles o indivíduo era afastado do convívio com pessoas "honestas" — era considerado "inimigo de Deus", desprezador da humanidade, "possesso". Como natureza científica era chandala...[17] *Tivemos* contra nós todo o *páthos* da humanidade — sua noção daquilo que *deve* ser verdade, do que *deve* ser o serviço da verdade: todo "tu deves" foi até agora dirigido *contra nós*... Nossos objetivos, nossas práticas, nosso jeito quieto, cauteloso, desconfiado — tudo lhe pareceu completamente indigno e desprezível. — Afinal pode-se razoavelmente perguntar se não foi, de fato, um gosto estético que manteve a humanidade cega por tanto tempo: ela exigia da verdade um efeito *pitoresco*, ela também exigia do homem do conhecimento que agisse fortemente sobre os sentidos. Nossa *modéstia* foi que mais longamente lhe repugnou o gosto... Oh, como adivinharam isso, esses perus de Deus. — —

**14.** Aprendemos as coisas diferentemente. Em tudo nos tornamos mais modestos. Já não fazemos o homem derivar do "espírito", da "divindade", nós o recolocamos entre os animais. Nós o consideramos o animal mais forte porque é o mais astucioso: sua espiritualidade é uma consequência disso. Por outro lado, opomo-nos a uma vaidade que também aqui quer alçar a voz:

como se o homem fosse o grande objetivo oculto da evolução animal. Ele não é absolutamente a coroa da criação, cada ser existente se acha, ao lado dele, no mesmo nível de perfeição... E, ao afirmar isso, ainda afirmamos muito: pois ele é, considerado relativamente, o animal mais malogrado, o mais doentio, o que mais perigosamente se desviou de seus instintos — e com tudo isso, é verdade, também *o mais interessante*! — No tocante aos animais, foi Descartes quem, com audácia admirável, primeiramente ousou compreender o animal como máquina: toda a nossa fisiologia se empenha em demonstrar essa tese. E coerentemente não situamos o homem à parte, como Descartes ainda fez: o que hoje entendemos do homem vai exatamente até onde ele é entendido como máquina. Antes se concedia ao homem o "livre-arbítrio", como dote vindo de uma ordem mais elevada: hoje lhe tiramos até mesmo a vontade,[18] no sentido de que não se pode mais entender por isso uma faculdade. O velho termo "vontade" serve apenas para designar uma resultante, uma espécie de reação individual que necessariamente sucede a uma quantidade de estímulos, em parte contraditórios, em parte harmoniosos: — a vontade não "atua" mais, não "move" mais... Outrora se via na consciência do homem, no "espírito", a prova de sua origem mais elevada, de sua divindade; para *perfazer* o homem, este era aconselhado a recolher seus sentidos à maneira da tartaruga, a suprimir o comércio com as coisas terrenas, a desfazer-se do invólucro mortal: então lhe restava o principal, o "puro espírito". Também acerca disso refletimos melhor: o tornar-se consciente, o "espírito", é para nós o sintoma de uma relativa imperfeição do organismo, é experimentar, tatear, errar, um esforço em que muita energia nervosa é gasta desnecessariamente — nós negamos que algo possa ser feito perfeitamente enquanto é feito conscientemente. O "puro espírito" é pura tolice:[19] se subtraímos o sistema nervoso e os sentidos, o "invólucro mortal", *erramos em nosso cálculo* — apenas isso!...

**15.** Nem a moral nem a religião, no cristianismo, têm algum ponto de contato com a realidade. Nada senão *causas ima-*

*ginárias* ("Deus", "alma", "Eu", "espírito", "livre-arbítrio" — ou também "cativo"); nada senão *efeitos imaginários* ("pecado", "salvação", "graça", "castigo", "perdão dos pecados"). Um comércio entre *seres imaginários* ("Deus", "espíritos", "almas"); uma ciência *natural* imaginária (antropocêntrica; total ausência do conceito de causas naturais), uma *psicologia* imaginária (apenas mal-entendidos sobre si, interpretações de sentimentos gerais agradáveis ou desagradáveis — dos estados do *nervus sympathicus*, por exemplo — com ajuda da linguagem de sinais da idiossincrasia moral-religiosa — "arrependimento", "remorso", "tentação do Demônio", "presença de Deus"); uma *teleologia* imaginária ("o reino de Deus", "o Juízo Final", "a vida eterna").
— Esse mundo de pura *ficção* diferencia-se do mundo sonhado, com enorme desvantagem sua, pelo fato de esse último *refletir* a realidade, enquanto ele falseia, desvaloriza e nega a realidade. Somente depois de inventado o conceito de "natureza", em oposição a "Deus", "natural" teve de ser igual a "reprovável" — todo esse mundo fictício tem raízes no *ódio* ao natural (— a realidade!—), é a expressão de um profundo mal-estar com o real... *Mas isso explica tudo.* Quem tem motivos para *furtar-se mendazmente* à realidade? Quem com ela *sofre.* Mas sofrer com a realidade significa ser uma realidade *fracassada...*[20] A preponderância dos sentimentos de desprazer sobre os sentimentos de prazer é a *causa* dessa moral e dessa religião fictícias: uma tal preponderância transmite a *fórmula* da *décadence...*

**16.** Uma crítica do *conceito cristão de Deus* leva à mesma conclusão. — Um povo que ainda crê em si tem ainda também seu próprio deus. Nele reverencia as condições que o fizeram prevalecer, as suas virtudes — projeta seu prazer consigo, seu sentimento de poder, num ser ao qual se pode agradecer. Quem é rico quer oferecer; um povo orgulhoso precisa de um deus para *sacrificar...* Religião, nesses pressupostos, é uma forma de gratidão. É-se grato por si mesmo: para isso precisa-se de um deus.
— Um tal deus precisa ser capaz de ajudar e prejudicar, de ser amigo e inimigo — é admirado nas coisas boas e nas más. Aqui

a castração *antinatural* de um deus, tornando-o apenas do bem, seria contrária a tudo desejável. Há necessidade tanto do deus mau como do bom: não se deve a própria existência precisamente à tolerância, ao humanitarismo... Que significaria um deus que não soubesse o que é ira, vingança, inveja, escárnio, astúcia, violência? que talvez não conhecesse nem os arrebatadores *ardeurs* [ardores] da vitória e da destruição? As pessoas não entenderiam um deus assim: para que o teriam? — Sem dúvida: quando um povo está perecendo; quando sente que se esvanece definitivamente a fé no futuro, sua esperança de liberdade; quando a sujeição lhe aparece na consciência como a primeira vantagem, e as virtudes dos sujeitados como condições de conservação, também seu deus *tem* de mudar. Ele se torna dissimulado, timorato, modesto, ele recomenda a "paz da alma", o não mais odiar, a indulgência, até o "amor" por amigo e inimigo. Ele moraliza continuamente, insinua-se no antro de cada virtude privada, torna-se deus para todos, torna-se homem privado,[21] torna-se cosmopolita... Outrora representava um povo, a força de um povo, tudo de agressivo e sedento de poder da alma de um povo: agora é apenas o bom Deus... Na verdade, não há outra alternativa para os deuses: *ou* são a vontade de poder — e enquanto isto serão deuses de um povo — *ou* a incapacidade de poder — e então tornam-se necessariamente *bons*...

**17.** Onde, de alguma forma, declina a vontade de poder, há sempre um retrocesso fisiológico também, uma *décadence*. A divindade da *décadence*, mutilada em seus impulsos e virtudes mais viris, torna-se por necessidade o deus dos fisiologicamente regredidos, dos fracos. Eles não se denominam fracos, denominam-se "bons"... Já se compreende, sem que seja preciso maior referência, em que momentos da história a ficção dualista de um deus bom e um deus mau se torna possível. Com o mesmo instinto com que reduzem seu deus ao "bem em si", os sujeitados eliminam as boas características do deus de seus conquistadores; vingam-se de seus senhores, ao *demonizar* o deus deles. — Tanto o deus *bom* como o demônio: os dois são frutos da *décadence*. — Como pode alguém ceder ainda à simploriedade dos teólogos cristãos, e juntamente com eles decretar que a evolução do conceito de deus, do "Deus de Israel", o Deus de um povo, ao Deus cristão, a quintessência de todo o bem, é um *progresso*? — Mas até mesmo Renan[22] faz isso. Como se Renan tivesse direito à simploriedade! O contrário é evidente, afinal. Quando os pressupostos da vida *ascendente*, quando força, bravura, soberania, orgulho são retirados do conceito de Deus, quando passo a passo ele decai a símbolo de um bastão para cansados, de uma âncora de salvação para todos os que se afogam, quando se torna Deus-de-gente-pobre, Deus-de-pecadores, Deus-de-doentes *par excellence* [por excelência], e o predicado de "Salvador", "Redentor", é o que *resta* como predicado divino: o que *quer dizer* uma tal mudança? uma tal *redução* do divino? — Sem dúvida: com isso o "reino de Deus" ficou maior. Antes ele tinha apenas seu povo, seu "povo eleito". Nesse meio-tempo, tal como seu povo mesmo, ele partiu em andança para o exterior, não mais se deteve em nenhum lugar: até enfim estar em casa em toda parte, o grande cosmopolita — até ter do seu lado "o grande número" e metade da Terra. Apesar disso, o deus do "grande número", o democrata entre os deuses, não se tornou um orgulhoso deus pagão: continuou judeu, continuou o deus dos pequenos cantos, o deus das esquinas e paragens sombrias, dos locais insalubres de todo o mundo!... Seu reino do mundo é sempre um reino do submundo, um hospital, um reino subterrâneo,[23] um reino-gueto... E ele próprio, tão pálido, tão fraco, tão *décadent*... Mesmo os mais pálidos entre os pálidos tornaram-se dele senhores, os senhores metafísicos, os albinos do conceito. Estes tanto teceram ao seu redor que, hipnotizado pelos movimentos deles, ele próprio se tornou aranha, metafísico. Então, por sua vez, teceu o mundo a partir de si — *sub specie Spinozae* —,[24] transfigurou-se em algo sempre mais fino e mais pálido, tornou-se "ideal", "puro espírito", tornou-se *"absolutum"* [algo absoluto], "coisa-em-si"... *A ruína de um Deus:*[25] Deus tornou-se "coisa-em-si"...

**18.** O conceito cristão de Deus — Deus como deus dos doentes, Deus como aranha, Deus como espírito — é um dos mais corruptos conceitos de Deus que já foi alcançado na Terra; talvez represente o nadir na evolução descendente dos tipos divinos. Deus degenerado em *contradição da vida*, em vez de ser transfiguração e eterna afirmação desta! Em Deus a hostilidade declarada à vida, à natureza, à vontade de vida! Deus como fórmula para toda difamação do "aquém", para toda mentira sobre o "além"! Em Deus o nada divinizado, a vontade de nada canonizada!...

**19.** O fato de as raças fortes da Europa do Norte não terem rechaçado o Deus cristão certamente não honra o seu talento religioso, para não falar do gosto. Elas *tinham* de acabar com um produto assim decrépito e doentio da *décadence*. Mas há uma maldição sobre elas por não o terem feito: elas absorveram a doença, a idade, a contradição em todos os seus instintos — desde então não *criaram* mais nenhum deus! Quase dois mil anos e nem um único deus novo! Mas sempre, como que existindo por direito, como um *ultimatum* e *maximum* da força plasmadora de deuses, do *creator spiritus* do homem, esse lastimável Deus do monotono-teísmo cristão! Esse híbrido fruto de declínio, mistura de zero, conceito e contradição, no qual todos os instintos de *décadence*, todas as fadigas e covardias da alma têm sua sanção! — —

**20.** Com minha condenação do cristianismo não quero ser injusto com uma religião a ele aparentada, que pelo número de seguidores até o supera: o *budismo*. As duas são próximas por serem religiões niilistas — religiões de *décadence* —, as duas se diferenciam de modo bastante notável. O crítico do cristianismo tem uma dívida de gratidão aos eruditos hindus pelo fato de elas poderem hoje ser *comparadas*. — O budismo é mil vezes mais realista do que o cristianismo — ele carrega a herança da colocação fria e objetiva dos problemas, ele vem *após* séculos de contínuo movimento filosófico, o conceito de "deus" já foi abolido quando ele surge. O budismo é a única religião realmente *positivista* que a história tem a nos mostrar, até mesmo em sua teoria do conhecimento (um rigoroso fenomenalismo —), ele já não fala em "combater o *pecado*", mas sim, fazendo inteira justiça à realidade, em "combater o *sofrimento*". Ele já deixou para trás — algo que o diferencia profundamente do cristianismo — a trapaça consigo mesmo que são os conceitos morais — ele se acha, usando minha linguagem, *além* do bem e do mal. — Os *dois* dados fisiológicos em que ele repousa e que não perde de vista são: *primeiro*, uma enorme excitabilidade, que se exprime como refinada suscetibilidade à dor; *depois* uma hiperespiritualização, uma demasiada permanência entre conceitos e procedimentos lógicos, na qual o instinto pessoal se prejudicou em favor da coisa "impessoal" (— ambos são estados que ao menos alguns de meus leitores, os "objetivos" como eu mesmo, conhecerão por experiência). A partir dessas condições fisiológicas surge uma *depressão*, contra a qual Buda procede higienicamente. Contra isso adota a vida ao ar livre, as andanças, a moderação e a escolha na comida; a cautela com as bebidas alcoólicas; cautela igualmente com os afetos que produzem bílis ou esquentam o sangue; nenhuma *preocupação*, consigo ou com outras pessoas. Ele solicita ideias que deem tranquilidade ou animem — ele inventa meios para desabituar-se das demais. Ele entende a bondade, o ser bondoso, como algo que promove a saúde. A *oração* é excluída, assim como a *ascese*; nenhum imperativo categórico, nenhuma *coação* absolutamente, mesmo dentro do mosteiro (— pode-se sair dele —). Tudo isso seriam meios de fortalecer aquela enorme excitabilidade. Justamente por isso ele também não solicita que se combata[26] os que pensam diferentemente; não há nada a que sua doutrina mais se oponha do que ao sentimento de vingança, de aversão, de *ressentiment* [ressentimento] (— "não é pela inimizade que tem fim a inimizade": o tocante refrão de todo o budismo...). E com razão: precisamente esses afetos seriam totalmente *insalubres*, em vista da intenção dietética principal. A fadiga espiritual que ele encontra, que se manifesta numa excessiva "objetividade" (ou seja, debilitamento do interesse individual, perda de centro de gravidade, de "egoísmo"), ele combate reconduzindo rigorosamente à *pessoa* também os interesses mais espirituais. Na doutrina de Buda o egoísmo se torna dever: o "uma só coisa é necessária",[27] o "como te livras do sofrimento?" regula e limita a dieta espiritual inteira (— talvez seja lícito recordar aquele ateniense que também fez guerra à pura "cientificidade", Sócrates, que elevou o egoísmo pessoal à categoria de moral também no reino dos problemas).

**21.** O pressuposto para o budismo é um clima bastante ameno, grande mansidão e liberalidade nos costumes, *nenhum* militarismo; e que o movimento tenha sua origem nas classes mais elevadas e mesmo eruditas. A jovialidade, o sossego, a ausência de desejos são objetivo supremo, e o objetivo *é alcançado*. O budismo não é uma religião em que meramente se aspira à perfeição: o perfeito é o caso normal. —

No cristianismo, os instintos dos sujeitados e oprimidos vêm ao primeiro plano: são as classes mais baixas que nele buscam sua salvação. Nele a casuística do pecado, a autocrítica, a inquisição da consciência é praticada como *ocupação*, como remédio para o tédio; nele o afeto em relação a um *poderoso*, chamado "Deus", é continuamente sustentado (mediante a oração); nele o mais elevado é visto como inatingível, como dádiva, como "graça". Nele falta também o espaço público; o esconderijo, o aposento escuro é cristão. Nele o corpo é desprezado, a higiene é repudiada como sensualidade; a Igreja se opõe até à limpeza (a primeira medida cristã após a expulsão dos mouros foi o fechamento dos banhos públicos, dos quais apenas Córdoba possuía 270). É cristão um determinado senso de crueldade, contra si mesmo e os outros; o ódio aos que pensam diferentemente; a vontade de perseguir. Ideias sombrias e excitantes acham-se em primeiro plano; os estados mais cobiçados, designados com os mais altos nomes, são epileptoides; a dieta é escolhida[28] de modo a favorecer manifestações mórbidas e superestimular os nervos. Cristã é a hostilidade de morte aos senhores da Terra, aos "nobres" — e, ao mesmo tempo, uma oculta, secreta concorrência (— deixam-lhes o "corpo", querem *apenas* a "alma"...). Cristão é o ódio ao *espírito*, ao orgulho, coragem, liberdade, *libertinage* do espírito; cristão é o ódio aos *sentidos*, às alegrias dos sentidos, à alegria mesma...

**22.** Esse cristianismo, quando perdeu seu primeiro terreno, as classes mais baixas, o *submundo* do mundo antigo, quando se pôs a buscar o poder entre povos bárbaros, já não tinha como pressuposto homens *cansados*, mas interiormente selvagens e dilacerados — o homem forte, mas malogrado. A insatisfação consigo, o sofrer consigo não é nele, como no budista, uma desmedida excitabilidade e suscetibilidade à dor, e sim, ao contrário, um avassalador anseio de infligir dor, de desafogar a tensão interior em atos e ideias hostis. O cristianismo tinha necessidade de conceitos e valores *bárbaros* para assenhorar-se de bárbaros: o sacrifício de primogênitos, o ato de beber sangue na ceia, o desprezo do espírito e da cultura; a tortura em todas as formas, físicas e não físicas; a grande pompa do culto. O budismo é uma religião para homens *tardios*, para raças bondosas, brandas, que se tornaram superespirituais, que facilmente sentem dor (— a Europa está longe de ser madura para ele —): é uma volta deles à paz e à jovialidade, à dieta no espírito, a um certo endurecimento no corpo. O cristianismo quer assenhorar-se de *animais de rapina*; seu método é torná-los *doentes* — o debilitamento é a receita cristã para a *domesticação*, a "civilização". O budismo é uma religião para o final e o cansaço da civilização, o cristianismo ainda não a encontra — funda-a, em determinadas circunstâncias.

**23.** O budismo, repito, é mil vezes mais frio, mais verdadeiro, mais objetivo. Ele já não tem necessidade de tornar *decente* seu sofrer, sua suscetibilidade à dor, com a interpretação do pecado — ele diz simplesmente o que pensa: "eu sofro". Para o bárbaro, no entanto, o sofrimento como tal não é decente: ele necessita de uma interpretação, a fim de admitir para si mesmo que sofre (seu instinto o leva antes a negar o sofrimento, a suportá-lo quietamente). Nisso a palavra "Demônio" foi um benefício: o homem tinha um inimigo avassalador e terrível — não precisava envergonhar-se de sofrer com um tal inimigo. — O cristianismo tem no fundo algumas sutilezas, que são próprias do Oriente. Antes de tudo sabe que é indiferente, em si, que algo seja verdadeiro, mas de grande importância *até que ponto* se acredita que seja verdadeiro. A verdade e a *crença* de que algo seja verdadeiro: dois mundos de interesse completamente distintos, quase *opostos* — chega-se a um e a outro por caminhos essencialmente diversos. Ter conhecimento disso — é quase a definição do sábio no Oriente: assim o entendem os brâmanes, assim o entende Platão, e também todo estudante da sabedoria esotérica. Se, por exemplo, há *felicidade* em crer-se redimido do pecado, *não* é preciso, como pressuposto para isso, que o indivíduo seja pecador, mas que *se sinta* pecador. Mas, se é necessário antes de tudo *fé*, então se deve pôr em descrédito a razão, o conhecimento, a indagação: o caminho para a verdade torna-se *proibido*. — A poderosa *esperança* é um estimulante bem maior da vida do que alguma felicidade que realmente ocorra. Os que sofrem têm de ser mantidos por uma esperança que não pode ser contrariada por nenhuma realidade — que não é *terminada* com sua realização: uma esperança de além. (Justamente por essa capacidade de manter os infelizes à espera é que os gregos consideravam a esperança o mal entre os males, o mal realmente *insidioso*: ele permaneceu na caixa dos males.)[29] — Para que o *amor* seja possível, Deus tem de ser uma pessoa; para que os instintos mais ao fundo possam participar, Deus tem de ser jovem. Para o fervor das mulheres coloca-se em primeiro plano um santo bonito, para o dos homens, uma Maria. Isso com o pressuposto de que o cristianismo quer predominar num terreno onde cultos de Afrodite ou Adônis já determinaram o *conceito* de culto. A exigência de *castidade* fortalece a veemência e interioridade do instinto religioso — torna o culto mais cálido, mais entusiasmado, mais cheio de alma. — O amor é o estado em que as pessoas mais veem as coisas como *não* são. A força da ilusão está no apogeu, assim como a força que adoça, que *transfigura*. No amor suporta-se mais, tolera-se tudo. A questão era inventar uma religião em que se podia amar: com isto se ultrapassa o que há de pior na vida — ele nem sequer é enxergado mais. — Isso quanto às três virtudes cristãs, fé, amor e esperança:[30] eu as denomino as três *espertezas* cristãs. — O budismo é tardio demais, positivista demais para ser esperto dessa forma.

**24.** Aqui eu apenas toco no problema da *gênese* do cristianismo. A *primeira* tese para a sua solução diz: o cristianismo pode ser entendido unicamente a partir do solo em que cresceu — ele *não* é um movimento contra o instinto judeu, é sua própria consequência, uma inferência mais em sua lógica apavorante. Na formulação do Redentor: "a salvação vem dos judeus".[31] — A *segunda tese* diz: o tipo psicológico do galileu ainda é reconhecível, mas apenas em sua completa degeneração (que é, ao mesmo tempo, mutilação e sobrecarga de traços alheios —) pôde ele servir para aquilo para que foi usado, como o tipo de um *redentor* da humanidade. —

Os judeus são o povo mais singular da história universal, pois, colocados ante a questão de ser ou não ser, preferiram o ser *a todo custo*, com deliberação perfeitamente inquietante: esse custo foi a radical *falsificação* de toda a natureza, naturalidade e realidade, de todo o mundo interior e também do exterior. Eles puseram-se à parte, *contrariamente* a todas as condições nas quais era possível, era *permitido* um povo viver até então, eles criaram a partir de si mesmos um conceito oposto às condições *naturais* — eles inverteram, sucessivamente e de modo incurável, a religião, o culto, a moral, a história, a psicologia, tornando-os a *contradição de seus valores naturais*. Encontramos novamente esse fenômeno, apenas como cópia, no entanto: — comparada ao "povo santo" [Êxodo, 19, 6] a Igreja cristã carece de toda pretensão de originalidade. Os judeus são, justamente por isso, o povo *mais fatídico* da história universal: em seu prolongado efeito, eles falsearam de tal modo a humanidade, que ainda hoje o cristão pode ter sentimento antijudeu, sem compreender-se como a *derradeira consequência do judaísmo*.

Em minha *Genealogia da moral* expus pela primeira vez, em termos psicológicos, os conceitos antitéticos de uma moral *nobre* e uma moral de *ressentiment* [ressentimento], esta se originando do *Não* àquela: mas esta última é pura e simplesmente a moral cristã. Para poder dizer Não a tudo o que constitui o movimento *ascendente* da vida, a tudo o que na Terra vingou, o poder, a beleza, a autoafirmação, o instinto do *ressentiment*, aqui tornado gênio, teve de inventar um *outro* mundo, a partir do qual a *afirmação da vida* apareceu como o mau, como o condenável em si. Psicologicamente considerado, o povo judeu é um povo dotado de tenacíssima força de vida, que, colocado em condições impossíveis, toma voluntariamente, desde a profunda esperteza da autoconservação, o partido de todos os instintos de *décadence* — não como se fosse por eles dominado, mas porque neles adivinhou um poder com o qual se pode levar a melhor *contra* "o mundo". Eles são a contrapartida de todos os *décadents*: eles tiveram de *representá-los* até o ponto de iludir, eles souberam, com um *non plus ultra* [grau inexcedível] de gênio histriônico, colocar-se à frente de todos os movimentos de *décadence* (— como cristianismo de *Paulo* —), para transformá-los em algo mais forte que todo partido *afirmador* da vida. A *décadence* é, para a espécie de homem que no judaísmo e no cristianismo exige o poder, apenas *meio*: essa espécie de homem tem interesse vital em tornar *doente* a humanidade e inverter as noções de "bom" e "mau", "verdadeiro" e "falso", num sentido perigoso para a vida e negador do mundo. —

**25.** A história de Israel é inestimável, como história típica da *desnaturação* dos valores naturais: mencionarei *cinco fatos* dela.[32] Originalmente, sobretudo na época dos reis, também Israel achava-se na relação *correta*, ou seja, natural, com todas as coisas. Seu Javé era expressão da consciência de poder, da alegria consigo, da esperança por si: nele esperava-se vitória e salvação, com ele confiava-se na natureza, que trouxesse o que o povo necessitava — chuva, principalmente. Javé é o deus de Israel e, *por conseguinte*, deus da justiça: a lógica de todo povo que está no poder e tem boa consciência. No culto festivo se exprimem esses dois lados da autoafirmação de um povo: ele é grato pelas grandes vicissitudes mediante as quais subiu ao topo, ele é grato no tocante ao ciclo anual das estações e à boa fortuna na pecuária e agricultura. — Esse estado de coisas permaneceu ainda muito tempo como ideal, também após ter acabado tristemente: anarquia no interior, os assírios no exterior. Mas o povo reteve, como desiderato supremo, a visão de um rei que era bom soldado e juiz severo: sobretudo aquele típico profeta (ou seja, crítico e satirista do momento), Isaías. — Mas toda esperança foi frustrada. O velho Deus já não *podia* fazer o que fazia antes. Deviam tê-lo deixado. Que aconteceu? *Mudaram* seu conceito — *desnaturaram* seu conceito: a esse custo o mantiveram. — Javé, o deus da "justiça" — *não* mais uma unidade com Israel, expressão do amor-próprio de um povo: apenas um deus sujeito a condições... Seu conceito torna-se um instrumento nas mãos de agitadores sacerdotais, que passam a interpretar toda felicidade como recompensa, toda infelicidade como castigo por desobediência a Deus, como "pecado": a mendacíssima maneira de interpretar de uma suposta "ordem moral do mundo", com a qual o conceito natural de "causa" e "efeito" é definitivamente virado de cabeça para baixo. Tendo eliminado do mundo, com a recompensa e a punição, a causalidade natural, necessita-se de uma causalidade *antinatural*: toda a restante inaturalidade segue-se então. Um deus que *exige* — no lugar de um deus que ajuda, que encontra saídas, que é, no fundo, sinônimo de toda feliz inspiração de coragem e autoconfiança... A *moral*, não mais expressão das condições de vida e crescimento de um povo, não mais seu mais básico instinto de vida, e sim tornada abstrata, antítese da vida — moral como sistemático aviltamento da fantasia, como "mau-olhado" para todas as coisas. *Que* é moral judaica, *que* é moral cristã? O acaso despojado de sua inocência; a infelicidade manchada com o conceito de "pecado"; o sentir-se bem como perigo, como "tentação"; a indisposição fisiológica envenenada com o verme-consciência...

**26.** O conceito de Deus falseado; o conceito de moral falseado: — a classe sacerdotal judia não ficou nisso. Não havia utilidade para toda a *história* de Israel: fora com ela! — Os sacerdotes realizaram esse milagre de falsificação, cujo documento é boa parte da Bíblia: com inigualável desprezo por toda tradição, por toda realidade histórica, *traduziram em termos religiosos* o próprio passado de seu povo, ou seja, fizeram dele um estúpido mecanismo salvador, de culpa em relação a Javé e castigo, de devoção a Javé e recompensa. Sentiríamos esse infame ato de falsificação histórica de maneira muito mais dolorosa, se a milenar interpretação *eclesiástica* da história não nos tivesse quase embotado para as exigências da retidão *in historicis* [em coisas históricas]. E os filósofos secundaram a Igreja: a *mentira* da "ordem moral do mundo" perpassa a evolução inteira da filosofia moderna. Que significa "ordem moral do mundo"? Que existe, de uma vez por todas, uma vontade de Deus quanto ao que o homem tem e não tem de fazer; que o valor de um povo, de um indivíduo, mede-se pelo tanto que a vontade de Deus é obedecida; que nas vicissitudes de um povo, de um indivíduo, a vontade de Deus mostra ser *dominante*, isto é, punitiva e recompensadora, segundo o grau da obediência. A *realidade*, no lugar dessa deplorável mentira, é a seguinte: uma espécie parasitária de homem, que prospera apenas à custa de todas as formas saudáveis de vida, o *sacerdote*, abusa do nome de Deus: ao estado de coisas em que o sacerdote define o valor das coisas ele chama "reino de Deus"; aos meios pelos quais um tal estado é alcançado ou mantido, "a vontade de Deus"; com frio cinismo ele mede os povos, as épocas, os indivíduos, conforme beneficiem ou contrariem a preponderância dos sacerdotes. Observemo-los em ação: nas mãos dos sacerdotes judeus, a *grande* época de Israel tornou-se uma época de declínio; o exílio, a longa desventura transformou-se em eterna *punição* pela grande época — um tempo em que o sacerdote ainda não era nada... Conforme sua necessidade, fizeram das poderosas figuras da história de Israel, de índole *bastante livre*, miseráveis hipócritas e santarrões ou "homens sem Deus"; simplificaram a psicologia de todo grande evento, reduzindo-a à idiota fórmula de "obediência *ou* desobediência" a Deus. — Um passo adiante: a "vontade de Deus", isto é, as condições para a preservação do poder do sacerdote, tem de ser *conhecida* — para este fim é necessária uma "revelação". Em linguagem mais clara: requer-se uma grande falsificação literária, descobre-se uma "Escritura Sagrada" — ela é tornada pública em meio a toda a pompa hierática, com dias de penitência e gritos de lamento pelo longo período de "pecado". A "vontade de Deus" estava estabelecida havia muito tempo: todo o infortúnio está em haverem se afastado da "Escritura Sagrada"... A Moisés já se havia manifestado a "vontade de Deus"... Que aconteceu? Com severidade, com pedantismo, o sacerdote formulou de uma vez por todas, até nas grandes e pequenas taxas que tinham de lhe pagar (— não esquecendo os mais saborosos pedaços da carne, pois o sacerdote é um comedor de *beefsteak* [bisteca], *o que ele quer ter*, "o que é a vontade de Deus"... A partir de então as coisas todas da vida se acham tão ordenadas, que o sacerdote é *indispensável em toda parte*; em todas as ocorrências naturais da vida, no nascimento, no casamento, na enfermidade, na morte, sem falar do sacrifício ("a refeição"), aparece o sagrado parasita, a fim de *desnaturá-las*: ou, em sua linguagem, "santificá-las"... Pois se deve compreender isto: todo costume natural, toda instituição natural (Estado, organização da justiça, casamento, assistência de enfermos e pobres), toda exigência inspirada pelo instinto da vida, tudo, em suma, que tem seu valor *em si* é tornado fundamentalmente sem valor, *contra* o valor, pelo parasitismo do sacerdote (ou da "ordem moral do mundo"): necessita posteriormente de uma sanção — é preciso um poder *conferidor de valor*, que nisso nega a natureza, que somente assim *cria* um valor... O sacerdote desvaloriza, *dessacraliza* a natureza: é a esse custo que ele existe. — A desobediência a Deus, isto é, ao sacerdote, à "Lei", recebe então o nome de "pecado"; os meios de "reconciliar-se com Deus" são, como é de esperar, meios com os quais a sujeição ao sacerdote é garantida ainda mais solidamente: apenas o sacerdote "redime"... Psicologicamente, em toda sociedade organizada em torno ao sacerdote os "pecados" são imprescindíveis: são autênticas alavancas do poder, o sacerdote *vive* dos pecados, ele necessita que se peque... Princípio supremo: "Deus perdoa quem faz penitência" — em linguagem franca: *quem se submete ao sacerdote*. —

27. Num terreno assim *falso*, onde toda natureza, todo valor natural, toda *realidade* tinha contra si os mais profundos instintos da classe dominante, cresceu o *cristianismo*, uma forma de inimizade mortal à realidade, que até agora não foi superada. O "povo sagrado", que para todas as coisas havia conservado apenas valores sacerdotais, palavras sacerdotais, e, com uma coerência de infundir medo, havia apartado de si o que mais existia de poder na Terra, como sendo "ímpio", "mundo", "pecado" — esse povo produziu para seu instinto uma última fórmula, que era lógica até o ponto de autonegação: ele negou, como *cristianismo*, até a última forma de realidade, o "povo sagrado", o "povo eleito", a realidade *judia* mesma. Um caso de primeira ordem: o pequeno movimento rebelde, batizado com o nome de Jesus de Nazaré, é *mais uma vez* o instinto judeu — em outras palavras, o instinto sacerdotal que já não suporta o sacerdote como realidade, a invenção de uma forma ainda mais *subtraída* de existência, de uma visão ainda mais *irreal* do mundo do que a organização de uma Igreja determina. O cristianismo *nega* a Igreja...[33]

Não vejo contra o que se dirija a rebelião da qual Jesus Cristo foi entendido — ou *mal-entendido* — como sendo o causador, se não foi uma rebelião contra a Igreja judia, "Igreja" no exato sentido em que hoje tomamos a palavra. Foi uma revolta contra "os justos e bons", contra "os santos de Israel", contra a hierarquia da sociedade — *não* contra a sua corrupção, mas contra a casta, o privilégio, a ordem, a fórmula; foi a *descrença* nos "homens mais elevados", o *não* pronunciado contra tudo que era sacerdote e teólogo. Mas a hierarquia que assim, embora apenas por um instante, foi posta em questão, era a palafita na qual, em meio à "água", subsistia ainda o povo judeu, a *última* possibilidade, penosamente alcançada, de continuar, o *residuum* de sua existência política particular: um ataque a ela significava um ataque ao mais profundo instinto de povo, à mais tenaz vontade de vida de um povo que jamais houve na Terra. Este santo anarquista, que conclamou o povo baixo, os excluídos e "pecadores", a *chandala* no interior do judaísmo, a contrariar a ordem dominante — com uma linguagem que, se pudéssemos confiar nos evangelhos, ainda hoje levaria à Sibéria —, foi um criminoso político, na medida em que criminosos políticos eram possíveis numa comunidade *absurdamente apolítica*. Isso o levou à cruz: a prova disso é a inscrição na cruz. Ele morreu por *sua* culpa — falta qualquer razão para dizer, por mais que se tenha dito, que ele morreu pela culpa dos outros. —

**28.** Uma questão inteiramente outra é se ele tinha ou não consciência dessa oposição — se foi apenas *percebido* como representando essa oposição. E apenas nesse ponto eu toco no problema da *psicologia do Redentor.* — Confesso que leio poucos livros com tantas dificuldades como leio os evangelhos. Essas dificuldades são distintas daquelas cuja demonstração permitiu à douta curiosidade do espírito alemão celebrar um dos seus inesquecíveis triunfos. Está longe o tempo em que, como todo jovem erudito, saboreei, com a sapiente lentidão de um refinado filólogo, a obra do incomparável Strauss.[34] Tinha então vinte anos de idade: agora sou sério demais para isso. Que me importam as contradições na "tradição"? Como podem lendas de santos ser denominadas "tradição"? As histórias de santos são a literatura mais equívoca existente: aplicar-lhes o método científico, *na ausência de quaisquer outros documentos*, parece-me de antemão condenado ao fracasso — mero ócio erudito...

**29.** O que me importa é o tipo psicológico do Redentor. Afinal, ele *pode* estar contido nos evangelhos apesar dos evangelhos, ainda que mutilado ou carregado de traços alheios: como o de Francisco de Assis está conservado em suas lendas, apesar de suas lendas. *Não* a verdade quanto ao que fez, o que disse, como realmente morreu; mas a questão de o seu tipo ser concebível, de haver sido "transmitido". As tentativas que conheço de extrair dos evangelhos até a *história* de uma "alma" me parecem provas de uma execrável leviandade psicológica. O senhor Renan, esse bufão *in psychologicis* [em coisas psicológicas], utilizou em sua explicação do tipo Jesus os dois conceitos *mais inadequados* que pode haver nesse caso: o de *gênio* e o de *herói* ("*héros*"). Se existe algo não evangélico, é o conceito de herói. Justamente o contrário de todo pelejar, de todo sentir-se-em-luta, tornou-se aí instinto: a incapacidade de resistência torna-se aí moral ("não resista ao mal" [Mateus, 5, 39], a frase mais profunda dos evangelhos, sua chave, em certo sentido), a beatitude na paz, na brandura, no não *poder* ser inimigo. Que significa "boa nova"? A vida verdadeira, a vida eterna foi encontrada — não é prometida, está aqui, está *em vocês*: como vida no amor, no amor sem subtração nem exclusão, sem distância. Cada um é filho de Deus — Jesus não reivindica nada apenas para si —, como filho de Deus cada um é igual ao outro... Fazer de Jesus um *herói*! — E que mal-entendido é sobretudo a palavra "gênio"! Nada de nosso conceito de "gênio", um conceito de nossa cultura, tem algum sentido no mundo em que vive Jesus. Falando com o rigor do fisiólogo, caberia uma outra palavra aqui — a palavra "idiota". Conhecemos um estado de doentia excitabilidade do *tato*, no qual se recua, tremendo, ante qualquer contato, qualquer apreensão de um objeto sólido. Traduza-se um tal *habitus* psicológico em sua lógica derradeira — como ódio instintivo a *toda* realidade, como refúgio no "inapreensível", no "incompreensível", como aversão a toda fórmula, todo conceito de tempo e lugar, ao que é sólido, costume, instituição, Igreja, como estar em casa num mundo que já não é tocado por espécie nenhuma de realidade, um mundo apenas "interior", "verdadeiro", "eterno"... "O reino de Deus está *em vós*"...

**30.** *O ódio instintivo à realidade*: consequência de uma extrema capacidade de sofrimento e excitação, que não mais quer ser "tocada", pois sente qualquer toque profundamente demais. *A exclusão instintiva de toda antipatia, toda inimizade, todas as fronteiras e distâncias do sentimento*: consequência de uma extrema capacidade de sofrimento e excitação, que já sente como insuportável *desprazer* (isto é, como *nocivo*, como *desaconselhado* pelo instinto de autoconservação) o opor-se, ter de opor-se, e acha beatitude (prazer) apenas em não resistir mais, a ninguém mais, nem à desgraça, nem ao mal — o amor como única, como *última* possibilidade de vida...

Eis as duas *realidades fisiológicas* nas quais, a partir das quais cresceu a doutrina da redenção. Eu as chamo de um sublime desenvolvimento do hedonismo sobre uma base inteiramente mórbida. A elas estreitamente aparentado, ainda que com generoso acréscimo de vitalidade e energia nervosa grega, é o epicurismo, a doutrina redentora do paganismo. Epicuro é um *típico décadent*: fui o primeiro a reconhecê-lo como tal. — O medo da dor, até do infinitamente pequeno na dor — não pode acabar de outro modo que não numa *religião do amor*...

**31.** Antecipei minha resposta ao problema. O pressuposto dela é que o tipo do redentor nos foi conservado apenas numa grande distorção. Essa distorção tem muita verossimilhança em si: um tipo desses não poderia, por razões diversas, ficar puro, inteiro, livre de acréscimos. Tanto o *milieu* [meio] em que se moveu essa figura diferente como, mais ainda, a história, o *destino* da primeira comunidade cristã, tinham que deixar nele traços: a partir deles, retroativamente, o tipo foi enriquecido com atributos que se tornam compreensíveis apenas em relação com a guerra e as finalidades da propaganda. Esse mundo peculiar e doente em que os evangelhos nos introduzem — como o de um romance russo, no qual a escória da sociedade, as doenças nervosas e o idiotismo "infantil" parecem ter um encontro — deve ter, em todo caso, *tornado mais grosseiro* o tipo: para entender alguma coisa dele, os primeiros apóstolos, em especial, traduziram para sua própria crueza uma existência totalmente imersa em símbolos e incompreensibilidades — para eles o tipo só estava *presente* após ser moldado em formas conhecidas... O profeta, o Messias, o futuro juiz, o pregador de moral, o fazedor de milagres, João Batista — são sempre ocasiões para desconhecer o tipo... Não subestimemos, enfim, o *proprium* [característico] de toda veneração grande, e sobretudo sectária: ela apaga, no ser venerado, os traços e idiossincrasias originais, frequentemente penosos e estranhos — *ela nem sequer os vê*. É de lamentar que um Dostoiévski não tenha vivido na proximidade desse interessantíssimo *décadent* — quero dizer, alguém que pudesse perceber o arrebatador encanto dessa mistura de sublime, enfermo e infantil. Uma última consideração: como tipo da *décadence*, o tipo *poderia*, de fato, ser peculiarmente múltiplo e contraditório: não é de se descartar inteiramente esta possibilidade. No entanto, tudo fala contra ela: nesse caso, justamente a tradição teria de ser curiosamente fiel e objetiva — e temos razões para imaginar o oposto. No momento abre-se uma contradição entre o pregador da montanha, do lago e do prado, cuja aparição faz pensar num Buda sobre um solo bem pouco indiano, e o fanático da agressão, o inimigo mortal dos teólogos e sacerdotes, que a malícia de Renan glorificou como *le grand maître en ironie* [o grande mestre da ironia]. Eu mesmo não duvido que essa generosa medida de fel (e mesmo de *esprit* [engenho]) tenha transbordado para o tipo do mestre somente a partir do agitado estado da propaganda cristã: conhece-se muito bem a inescrupulosidade dos sectários em confeccionar sua própria *apologia* com base no mestre. Quando a primeira comunidade necessitou, *contra* os teólogos, de um teólogo julgador, querelante, colérico, maldosamente sutil, *criou* para si seu "deus", conforme sua necessidade: tal como lhe pôs na boca, sem hesitar, os conceitos inteiramente não evangélicos que então não podia dispensar, "o Advento", "o Juízo Final", toda espécie de expectativa e promessa temporal. —

32. Sou contra, repito, a inclusão do fanático no tipo do redentor: o termo *impérieux* [imperioso], empregado por Renan,

já *anula* por si só o tipo. A "boa nova" é justamente que não mais existem oposições; o reino do céu pertence às *crianças*; a fé que aí se exprime não é uma fé conquistada — ela está aí, existe desde o começo, é como que um infantilismo recuado para o plano espiritual. O caso da puberdade retardada e não desenvolvida no organismo, como consequência da degenerescência, é familiar aos fisiologistas, pelo menos. — Uma tal fé não se encoleriza, não repreende, não se defende: não traz "a espada" [Mateus, 10, 40] — não faz ideia de como poderia vir a separar. Não prova a si mesma, seja por milagres, seja por recompensa e promessa, menos ainda "pela Escritura": ela própria é, a cada momento, seu milagre, sua recompensa, seu "reino de Deus". Essa fé também não formula a si mesma — ela *vive*, ela se opõe a fórmulas. Sem dúvida, o acaso do ambiente, da língua, da formação determina um certo âmbito de conceitos: o cristianismo inicial utiliza *apenas* conceitos judaico-semitas (— entre eles o comer e beber na comunhão, conceito tão tristemente abusado pela Igreja, como tudo judaico). Mas guardemo-nos de ver nisso mais que uma linguagem de sinais, uma semiótica,[35] uma ocasião para metáforas. Para esse antirrealista, a precondição para poder falar é justamente que nenhuma palavra seja tomada literalmente. Entre os hindus ele teria feito uso dos conceitos *sankhya*, entre os chineses, dos de Lao-Tsé — não sentindo diferença entre eles. — Seria possível, com alguma tolerância de expressão, chamar Jesus um "espírito livre" — ele não faz caso do que é fixo: a palavra *mata*, tudo que é fixo *mata*.[36] O conceito, a *experiência* "vida", no único modo como ele a conhece, nele se opõe a toda espécie de palavra, fórmula, dogma, fé, lei. Ele fala apenas do que é mais íntimo: "vida", "verdade", "luz" é sua palavra para o que é mais íntimo — todo o resto, a realidade inteira, toda a natureza, a própria linguagem, tem para ele apenas o valor de um signo, de uma metáfora. — Não se pode absolutamente errar nesse ponto, embora seja grande a sedução que há no preconceito cristão, isto é, *eclesiástico*: um tal simbolismo *par excellence* está fora de toda religião, de todos os conceitos do culto, toda história, toda ciência natural, toda experiência do mundo, todos os conhecimentos, toda política, toda psicologia, todos os livros, toda arte — seu "saber" é justamente a *pura tolice* quanto ao fato de que algo assim existe. A *cultura* não lhe é conhecida sequer de ouvir falar, ele não precisa lutar contra ela — ele não a nega... O mesmo vale para o Estado, para toda a ordem e sociedade civil, para o *trabalho*, a guerra — ele jamais teve motivo para negar "o mundo", jamais teve ideia do conceito eclesiástico de "mundo"... Justamente o *negar* é algo impossível para ele. — Falta igualmente a dialética, falta a concepção de que uma fé, uma "verdade" poderia ser provada com razões (— *suas* provas são "luzes" interiores, interiores sentimentos de prazer e autoafirmações, todas elas "provas da força").[37] Uma tal doutrina também não *pode* contradizer, ela não compreende que haja, que *possa* haver outras doutrinas, não consegue imaginar um julgamento contrário... Onde o encontrar, lamentará a "cegueira" com a mais profunda simpatia — pois vê a "luz" —, mas não levantará objeção...

33. Não se acha, em toda a psicologia do "evangelho", o conceito de culpa e castigo; nem o conceito de recompensa. O "pecado", qualquer relação distanciada entre Deus e homem, está abolido — *justamente isso é a "boa nova"*. A beatitude não é prometida, não é ligada a condições: é a *única* realidade — o resto é signo para dela falar...

A *consequência* de tal estado projeta-se numa nova *prática*, aquela propriamente evangélica. Não é uma "fé" que distingue o cristão: o cristão age, ele diferencia-se por agir *diferentemente*; por não oferecer resistência, em palavras ou no coração, àquele que é mau para com ele; por não fazer diferença entre forasteiros e nativos, entre judeus e não judeus ("o próximo", na verdade o correligionário, o judeu); por não encolerizar-se com ninguém, não menosprezar ninguém; por não se deixar ver nem invocar nos tribunais ("não jurar" [Mateus, 5, 34]); por não separar-se de sua mulher em nenhuma circunstância, mesmo havendo provas da infidelidade da mulher. — Tudo um princípio, no fundo; tudo consequência de um instinto. —

A vida do Redentor não foi senão *essa* prática — sua morte também não foi senão isso... Ele não tinha mais necessidade de nenhuma fórmula, de nenhum rito para o trato com Deus — nem mesmo oração. Acertou contas com toda a doutrina judaica de penitência e reconciliação; sabe que apenas com a *prática* da vida alguém pode sentir-se "divino", "bem-aventurado", "evangélico", a qualquer momento um "filho de Deus". *Não* a "penitência", *não* a "oração pelo perdão" é um caminho para Deus: *somente a prática evangélica* conduz a Deus, ela justamente *é* Deus. — O que foi *liquidado* com o evangelho foi o judaísmo dos conceitos "pecado", "perdão dos pecados", "fé", "redenção pela fé" — toda a doutrina *eclesiástica* judia foi negada na "boa nova".

O profundo instinto para como alguém deve *viver* a fim de sentir-se "no céu", sentir-se "eterno", enquanto, conduzindo-se de qualquer outro modo, *não* se sente absolutamente "no céu": apenas esta é a realidade psicológica da "redenção". — Uma nova conduta, *não* uma nova fé...

34. Se entendo algo desse grande simbolista, é que ele tomou apenas realidades *internas* como realidades, como "verdades" — que entendeu todo o resto, tudo natural, temporal, espacial, histórico, apenas como signo, como ocasião para metáforas. O conceito de "filho do homem" não é de uma pessoa concreta que faz parte da história, de algo individual, único, mas uma "eterna" factualidade, um símbolo psicológico redimido do conceito de tempo. O mesmo vale novamente, e num sentido supremo, para o *Deus* desse típico simbolista, para o "reino de Deus", o "reino do céu", os "filhos de Deus". Nada menos cristão que as *cruezas eclesiásticas* de um Deus como *pessoa*, de um "reino de Deus" que virá, de um "reino do céu" *além*, de um "filho de Deus", a *segunda pessoa* da Trindade. Isso tudo é — perdoem-me a expressão — o *murro* no olho — ah, que olho! — do evangelho; um *cinismo histórico-universal* na derrisão do símbolo... Mas é óbvio — não para qualquer um, admito — a que dizem respeito os signos "pai" e "filho": com a palavra

"filho" se expressa a *entrada* no sentimento geral de transfiguração de todas as coisas (a beatitude), com a palavra "pai", *este sentimento mesmo*, o sentimento de eternidade, de perfeição. — Envergonho-me de lembrar o que a Igreja fez desse simbolismo: não pôs ela, no limiar da "fé" cristã, uma história de Anfitrião?[38] E, ainda por cima, um dogma de "imaculada concepção"?... *Mas com isso ela maculou a concepção* — —

O "reino do céu" é um estado do coração — não algo que virá "acima da Terra" ou "após a morte". Todo o conceito de morte natural *está ausente* no evangelho: a morte não é uma ponte, uma passagem, ela não está presente, pois pertence a um mundo inteiramente outro, apenas aparente, útil apenas para signos.[39] A "hora da morte" não é um conceito cristão — a "hora", o tempo, a vida física e suas crises não chegam a existir para aquele que ensina a "boa nova"... O "reino de Deus" não é nada que se espere; não possui ontem nem depois de amanhã, não virá em "mil anos"[40] — é a experiência de um coração; está em toda parte, está em nenhum lugar...

35. Esse "portador da boa nova" morreu como viveu, como *ensinou* — *não* para "redimir os homens", mas para mostrar como se deve viver. A *prática* foi o que ele deixou para a humanidade: seu comportamento ante os juízes, ante os esbirros, ante os acusadores e todo tipo de calúnia e escárnio — seu comportamento na *cruz*. Ele não resiste, não defende seu direito, não dá um passo para evitar o pior, mais ainda, ele *provoca o pior*... E ele pede, ele sofre, ele ama *com* aqueles, *n*aqueles que lhe fazem mal... As palavras que ele diz ao *ladrão* na cruz contêm todo o evangelho. "Este foi verdadeiramente um homem *divino*, um 'filho de Deus'" — diz o ladrão. "Se sentes isso" — responde o Salvador —, "*então estás no paraíso*, és também um filho de Deus..."[41] *Não* defender-se, *não* encolerizar-se, *não* atribuir responsabilidade... Mas tampouco resistir ao mau — *amá*-lo...

36. — Somente nós, espíritos *tornados livres*, temos o pressuposto para entender algo que dezenove séculos entenderam

errado — aquela retidão que, tornada instinto e paixão, faz guerra à "mentira santa", mais ainda que a qualquer outra mentira... Estava-se infinitamente longe de nossa amável e cautelosa neutralidade, dessa disciplina do espírito com a qual é unicamente possível perceber coisas tão desconhecidas e delicadas: sempre se quis, com desavergonhado egoísmo, apenas *sua própria* vantagem, construiu-se a Igreja com base no oposto do evangelho.

Quem buscasse sinais de que uma irônica divindade movia os dedos por trás do grande jogo do mundo encontraria apoio nada pequeno na imensa interrogação chamada cristianismo. A humanidade achar-se de joelhos ante o oposto do que foi a origem, o sentido, o *direito* do evangelho, ela ter santificado no conceito de "Igreja" precisamente o que o "portador da boa nova" sentia como *abaixo* de si, como *atrás* de si — procura-se em vão por um exemplo maior de *ironia histórico-universal* — —

**37.** — Nossa época tem orgulho de seu sentido histórico: como pôde chegar a crer no absurdo de que no começo do cristianismo está a *grosseira fábula do fazedor de milagres e redentor* — e de que tudo espiritual e simbólico é apenas um desenvolvimento posterior? Pelo contrário: a história do cristianismo — da morte na cruz em diante — é a história da má compreensão, gradativamente mais grosseira, de um simbolismo *original*. Com a difusão do cristianismo por massas ainda mais amplas, mais cruas, às quais escapavam cada vez mais os pressupostos de que havia surgido, tornou-se mais necessário *vulgarizar, barbarizar* o cristianismo — ele absorveu doutrinas e ritos de todos os cultos *subterrâneos* do Império Romano, assim como o absurdo de toda espécie de razão doente. O destino do cristianismo está na necessidade de que sua fé mesma se tornasse tão doente, tão baixa e vulgar como eram doentes, baixas e vulgares as necessidades que com ela deviam ser satisfeitas. A própria *barbárie doente* alça-se finalmente ao poder como Igreja — a Igreja, essa forma de inimizade mortal a toda retidão, a toda *altura* da alma, a toda disciplina do espírito, a toda humanidade franca e boa.

— Valores cristãos — valores *nobres*: somente nós, espíritos *tornados livres*, restabelecemos esse contraste de valores, o maior que existe! — —

38. — Neste ponto não suprimirei um suspiro. Há dias em que me invade um sentimento mais negro que a mais negra melancolia — o *desprezo dos homens*. E, para que não reste dúvida quanto ao *que* desprezo, a *quem* desprezo: é o homem de hoje, o homem do qual sou fatalmente contemporâneo. O homem de hoje — eu sufoco com a sua respiração impura... Em relação ao passado eu sou, como todo homem do conhecimento, de uma grande tolerância, isto é, *magnânimo* autocontrole: com sombria cautela eu atravesso o mundo-hospício de milênios inteiros, chame-se ele "cristianismo", "fé cristã", "Igreja cristã" — evito responsabilizar a humanidade por suas doenças mentais. Mas meu sentimento se altera, rompe-se, tão logo entro na época moderna, na *nossa* época. Nossa época *sabe*... O que antes era apenas doente agora é indecente — é indecente ser cristão hoje em dia. *E aqui começa o meu nojo.* — Olho ao redor: não resta uma só palavra do que antes se chamava "verdade", já não aguentamos, se um sacerdote apenas pronuncia a palavra "verdade". Hoje *temos* de saber, mesmo com uma exigência ínfima de retidão, que um teólogo, um sacerdote, um papa, não apenas erra, mas *mente* a cada frase que enuncia — que já não é livre para mentir por "inocência", por "insciência". Também o sacerdote sabe, como sabe todo indivíduo, que não existe mais "Deus", "pecador", "Salvador" — que "livre-arbítrio", "ordem moral do mundo", são *mentiras*: a seriedade, a profunda autossuperação do espírito já não *permite* a ninguém *não* saber a respeito disso... *Todos* os conceitos da Igreja são reconhecidos pelo que são, a mais maligna falsificação que há, com o fim de *desvalorizar* a natureza, os valores naturais: o sacerdote mesmo é reconhecido pelo que é, a mais perigosa espécie de parasita, a autêntica aranha venenosa da vida... Nós sabemos, nossa *consciência* hoje sabe — *o que* valem, *para que serviram* as inquietantes invenções dos sacerdotes e da Igreja, com as quais se atingiu

esse estado de autoviolação da humanidade, cuja visão pode causar nojo — os conceitos de "além", "Juízo Final", "imortalidade da alma", a própria "alma"; são instrumentos de tortura, são sistemas de crueldades, mediante os quais o sacerdote se tornou senhor, ficou senhor... Todo indivíduo sabe disso: *e, no entanto, tudo continua igual.* Para onde foi o último sentimento de decência, de respeito a si mesmo, se até os nossos estadistas, homens normalmente bastante desembaraçados e perfeitamente anticristãos nos atos, ainda se denominam cristãos e recebem a comunhão?... Um jovem príncipe, à frente do seu regimento, magnífico como expressão do egoísmo e da soberba de seu povo — mas, *sem* nenhum pudor, confessando-se cristão!... *A quem* o cristianismo nega, então? *O que* chama de "mundo"? Ser soldado, juiz, patriota; defender-se; zelar por sua honra; querer sua vontade; ser *orgulhoso*... Toda prática de todo momento, todo instinto, toda valoração que se torna *ato* é anticristã atualmente: que *aborto de falsidade* deve ser o homem moderno, se apesar de tudo *não se envergonha* de ainda chamar-se cristão! — — —

**39.** — Volto atrás, conto agora a história *genuína* do cristianismo. — Já a palavra "cristianismo" é um mal-entendido — no fundo, houve apenas um cristão, e ele morreu na cruz. O "evangelho" *morreu* na cruz. O que desde então se chamou "evangelho" já era o oposto daquilo que *ele* viveu: uma *"má* nova", um *disangelho*.[42] É absurdamente falso ver numa "fé", na crença na salvação através de Cristo, por exemplo, o distintivo do cristão: apenas a *prática* cristã, uma vida tal como a *viveu* aquele que morreu na cruz, é cristã... Ainda hoje uma vida *assim* é possível, para determinadas pessoas é até necessária: o cristianismo autêntico, original sempre será possível... *Não* uma fé, mas um fazer, sobretudo um *não*-fazer-muitas-coisas, um *ser* de outro modo... Estados de consciência, qualquer fé, tomar algo por verdadeiro, por exemplo — todo psicólogo sabe —, são coisas indiferentes e de quinta ordem, em relação ao valor dos instintos: falando mais estritamente, todo o conceito de causalidade espiritual é falso. Reduzir o fato de ser cristão, a cristianidade, a um tomar-por-verdadeiro, a uma mera fenomenalidade da consciência, significa negar a cristianidade.[43] *Na verdade não houve cristãos.* O "cristão", isso que há dois milênios se chama cristão, não passa de um mal-entendido psicológico de si mesmo. Olhando mais precisamente, nele dominaram, apesar de toda a "fé", *apenas* os instintos — e *que instintos*! — A "fé", em todos os tempos, em Lutero, por exemplo, foi só um manto, um pretexto, uma *cortina* atrás da qual os instintos jogavam seu jogo — uma sagaz *cegueira* para o domínio de *certos* instintos... A "fé" — já a chamei a característica *sagacidade* cristã —, sempre se falou de "fé", *agiu-se* sempre por instinto... No mundo cristão das ideias nada houve que apenas tocasse a realidade: e no ódio instintivo a toda realidade reconhecemos o único elemento impulsor na raiz do cristão. Que se segue daí? Que também *in psychologicis* [em questões psicológicas] o erro é aí radical, isto é, determinador da essência, isto é, *substância*. *Um* conceito fora, uma única realidade em seu lugar — e todo o cristianismo desaba! — Visto do alto, esse fato estranhíssimo entre todos, uma religião não só dependente de erros, mas inventiva e até genial *apenas* em erros nocivos, que envenenam a vida e o coração, é realmente um *espetáculo para deuses* — para aquelas divindades que são também filósofos, e que encontrei, por exemplo, naqueles célebres diálogos em Naxos.[44] No momento em que o *nojo* se afasta deles (— e de nós!), ficam agradecidos pelo espetáculo do cristão: talvez somente por *esse* caso curioso o pequeno, mísero astro chamado Terra mereça um olhar dos deuses, uma participação divina... Pois não subestimemos o cristão: *falso até a inocência*, ele está bem acima do macaco — em vista do cristão, uma conhecida teoria sobre a ascendência humana é mera gentileza...

**40.** — O destino do evangelho foi decidido com a morte — foi pendurado na "cruz"... Somente a morte, essa morte inesperada, ignóbil, somente a cruz, geralmente reservada para a *canaille* [canalha] — somente esse horrível paradoxo pôs os dis-

cípulos ante o verdadeiro enigma: *"quem foi esse? o que foi isso?"*.
— O sentimento abalado e profundamente ofendido, a suspeita de que tal morte poderia ser a *refutação* de sua causa, a terrível interrogação "por que justamente assim?" — é um estado que se compreende muito bem. Tudo aí tinha de ser necessário, ter sentido, razão, suprema razão; o amor de um discípulo não conhece acaso. Apenas então o abismo se abriu: "quem o matou? *quem* era seu inimigo natural?" — essa questão irrompeu como um raio. Resposta: o judaísmo *dominante*, sua classe mais alta. Nesse instante sentiram-se em revolta contra a ordem, entenderam Jesus, em retrospecto, como *em revolta contra a ordem*. Até ali *faltava*, em seu quadro, esse traço guerreiro, essa característica de dizer o Não, fazer o Não; mais até, ele era o contrário disso. Evidentemente, a pequena comunidade *não* compreendeu o principal, o que havia de exemplar nessa forma de morrer, a liberdade, a superioridade *sobre* todo sentimento de *ressentiment* [ressentimento]: — sinal de como o entendia pouco! Jesus não podia querer outra coisa, com sua morte, senão dar publicamente a mais forte demonstração, a *prova* de sua doutrina... Mas seus discípulos estavam longe de *perdoar* essa morte — o que teria sido evangélico no mais alto sentido; ou mesmo de *oferecer-se* para uma morte igual, com meiga e suave tranquilidade no coração... Precisamente o sentimento mais "inevangélico", a vingança, tornou a prevalecer. A questão não podia findar com essa morte: necessitava-se de "reparação", "julgamento" (— e o que pode ser menos evangélico do que "reparação", "castigo", "levar a julgamento"!). Mais uma vez a expectativa popular de um Messias apareceu em primeiro plano; enxergou-se um momento histórico: o "reino de Deus" vai julgar seus inimigos... Mas com isso está tudo mal compreendido: o "reino de Deus" como ato final, como promessa! Mas o evangelho fora justamente a presença, a realização, a *realidade* desse "reino de Deus"... Pela primeira vez carregava-se todo o desprezo e amargor contra fariseus e teólogos para o tipo do mestre — tornando-o assim um fariseu e teólogo! Por outro lado, a frenética veneração dessas almas totalmente saídas dos ei-

xos não mais tolerou a evangélica identificação de cada um como filho de Deus, que Jesus havia ensinado: sua vingança foi *exaltar* extravagantemente Jesus, destacá-lo de si: assim como os judeus de outrora, por vingança contra os inimigos, haviam separado de si e erguido às alturas o seu Deus. O único Deus e o único filho de Deus: ambos produtos do *ressentiment*...

**41.** — A partir de então houve um problema absurdo: "como *podia* Deus permitir isso?". A perturbada razão da pequena comunidade deu-lhe uma resposta assustadoramente absurda: Deus deu seu filho em *sacrifício* para o perdão dos pecados. De uma só vez acabou-se o evangelho! *O sacrifício expiatório*, e em sua forma mais bárbara e repugnante, o sacrifício do *inocente* pelos pecados dos culpados! Que pavoroso paganismo! — Jesus havia abolido o próprio conceito de "culpa" — ele negou todo abismo entre Deus e homem, ele *viveu* essa unidade de Deus e homem como *sua* "boa nova"... E *não* como prerrogativa! — A partir de então entra no tipo do Redentor, passo a passo, a doutrina do julgamento e do retorno, a doutrina da morte como uma morte sacrificial, a doutrina da *ressurreição*, com a qual é escamoteado o conceito de "beatitude", a única realidade do evangelho — em prol de um estado *posterior* à morte!... Com a insolência rabínica que sempre o caracteriza, Paulo racionalizou esta concepção, esta *obscenidade* de concepção, da seguinte forma: "se Cristo não ressuscitou de entre os mortos, é vã a nossa fé" [1ª Coríntios, 15, 14]. — E de uma só vez o evangelho se tornou a mais desprezível das promessas não realizáveis, a *desavergonhada* doutrina da imortalidade pessoal... O próprio Paulo ainda a ensinava como *recompensa*!...

**42.** Vê-se o que terminou com a morte na cruz: uma nova base, inteiramente original, para um movimento de paz budista, para uma real, *não* simplesmente prometida, *felicidade na Terra*. Pois é esta — como já destaquei — a diferença fundamental entre as duas religiões de *décadence*: o budismo não promete, mas cumpre, o cristianismo promete tudo, mas *nada* *cumpre.* — A "boa nova" foi imediatamente seguida pela pior de todas: a de Paulo. Em Paulo se incorpora o tipo contrário ao "portador da boa nova", o gênio em matéria de ódio, na visão do ódio, na implacável lógica do ódio. O que não sacrificou ao ódio esse "disangelista"! Antes de tudo o Redentor: ele o pregou à *sua* cruz. A vida, o exemplo, a doutrina, a morte, o sentido e o direito de todo o evangelho — nada mais restou, quando esse falsário inspirado pelo ódio percebeu o que apenas ele podia necessitar. *Não* a realidade, *não* a verdade histórica!... E mais uma vez o instinto sacerdotal do judeu perpetrou o mesmo enorme crime contra a história — simplesmente riscou o ontem, o anteontem do cristianismo, *inventando para si uma história do cristianismo inicial*. Mais ainda: falseou a história de Israel mais uma vez, para que ela aparecesse como pré-história do *seu* ato: todos os profetas falaram do *seu* "Redentor"... Depois a Igreja falseou até a história da humanidade, tornando-a pré-história do cristianismo... O tipo do Redentor, a doutrina, a prática, a morte, o sentido da morte, até mesmo o após a morte — nada permaneceu intacto, nada permaneceu próximo da realidade. Paulo simplesmente deslocou o centro de gravidade de toda aquela existência *para trás* dessa existência — na *mentira* do Jesus "ressuscitado". No fundo, ele não tinha necessidade da vida do Redentor — precisava da morte na cruz *e* alguma coisa mais... Ver como honesto um Paulo que tinha seu lar no principal centro do iluminismo estoico, quando ele faz de uma alucinação a *prova* de que o Redentor ainda vive, ou mesmo dar crédito ao relato de que *teve* essa alucinação, seria uma autêntica *niaiserie* [tolice] por parte de um psicólogo: Paulo quis os fins, *portanto* quis também os meios... O que ele mesmo não acreditava, acreditavam os idiotas aos quais lançou a *sua* doutrina. — *Sua* necessidade era o *poder*; com Paulo o sacerdote quis novamente chegar ao poder — ele tinha utilidade apenas para conceitos, doutrinas, símbolos com que são tiranizadas as massas, são formados os rebanhos. Qual a única coisa que Maomé tomaria depois ao cristianismo? A invenção de Paulo, seu meio para a tirania sacerdotal, para a formação de rebanho: a fé na imortalidade — *ou seja, a doutrina do "Juízo"*...

**43.** Quando se coloca o centro de gravidade da vida *não* na vida, mas no "além" — *no nada* —, despoja-se a vida do seu centro de gravidade. A grande mentira da imortalidade pessoal destrói toda razão, toda natureza no instinto — tudo de benéfico, promovedor da vida, garantidor de futuro nos instintos passa a despertar suspeita. Viver de modo que já não há sentido em viver, *isso* torna-se o sentido da vida... Para que sentido comunitário, para que gratidão para com ascendência e ancestrais, para que colaborar, confiar, fomentar e ter em vista um bem comum?... Outras tantas "tentações", desvios do "caminho reto" — *"uma coisa* é necessária"... O fato de cada um, sendo "alma imortal", ter o mesmo nível de qualquer outro, de na totalidade dos seres a "salvação" de *cada* indivíduo reivindicar uma importância eterna, de pequenos santarrões e três quartos malucos poderem presumir que as leis da natureza são constantemente *infringidas* por sua causa — uma tal exacerbação ao infinito, ao *despudorado*, de toda espécie de egoísmo não pode ser ferreteada com suficiente desprezo. E, no entanto, o cristianismo deve a *essa* lamentável adulação da vaidade pessoal o seu *triunfo* — precisamente todos os malogrados, de atitude rebelde, desfavorecidos, toda a escória e resíduo da humanidade ele conquistou assim para seu lado. A "salvação da alma" — em linguagem clara: "o mundo gira à *minha volta*"... O veneno da doutrina dos "direitos *iguais* para todos" — foi disseminado fundamentalmente pelo cristianismo; o cristianismo travou guerra mortal, desde os mais secretos cantos dos instintos ruins, a todo sentimento de reverência e distância entre os homens, ou seja, ao *pressuposto* de toda elevação, todo crescimento da cultura — com o *ressentiment* [ressentimento] das massas forjou sua *principal arma* contra *nós*, contra tudo o que há de nobre, alegre, magnânimo na Terra, contra nossa felicidade na Terra... A "imortalidade" concedida a todo Pedro e Paulo foi, até agora, o maior, mais maligno atentado à humanidade[45] *nobre*. — *E não* subestimemos a fatalidade que do cristianismo se insinuou para a política! Hoje ninguém mais tem coragem para direitos especiais, para direitos de senhor, para um *páthos da distância*... Nossa política está *doente* dessa falta de coragem! — O aristocratismo da atitude foi minado, nos mais subterrâneos alicerces, pela mentira da igualdade de almas; e, se a fé na "prerrogativa da maioria" faz revoluções e *fará revoluções*, é o cristianismo, não se duvide, são os juízos de valor *cristãos*, que toda revolução apenas traduz em sangue e em crimes! O cristianismo é a revolta de tudo o que rasteja no chão contra aquilo que tem *altura*: o evangelho dos "pequenos" *torna* pequeno...

**44.** — Os evangelhos são inestimáveis como testemunho da irresistível corrupção *no interior* da comunidade inicial. O que Paulo depois conduziu ao fim, com o cinismo lógico de um rabino, foi, apesar de tudo, apenas o processo de declínio que teve início com a morte do Redentor. — Esses evangelhos não podem ser lidos com suficiente cautela; por trás de cada palavra existem dificuldades. Confesso, e espero que isto me seja perdoado, que justamente por isso eles constituem, para um psicólogo, um prazer de primeira ordem — como o *oposto* de toda corrupção ingênua, como o refinamento *par excellence*, como talento artístico na corrupção psicológica. Os evangelhos são algo à parte. A Bíblia não tolera comparações. Estamos entre judeus: *primeira* consideração, para ali não perder completamente o fio da meada. A dissimulação de si mesmo como "sagrado", ali tornada gênio e jamais alcançada em livros e entre homens, essa falsificação de palavras e gestos como *arte*, não é acidente de algum dom individual, alguma natureza de exceção. Isso requer *raça*. No cristianismo, como a arte de mentir santamente, o judaísmo inteiro, uma milenar técnica e preparação judaica da maior seriedade, atinge sua derradeira mestria. O cristão, essa *ultima ratio* [razão última] da mentira, é o judeu mais uma vez — *três* vezes até... — A vontade de em princípio usar apenas conceitos, símbolos, atitudes que foram provadas na prática do sacerdote, a rejeição instintiva de toda prática *outra*, toda *outra* perspectiva de valor e utilidade — isso não é apenas tradição, isso é *herança*: apenas sendo herança atua como natureza. A humanidade inteira, as melhores cabeças das melhores épocas (excetuando-se uma, que talvez seja simplesmente um monstro —) deixaram-se enganar. O evangelho foi lido como *livro da inocência*...: indício nada pequeno da mestria com que aí se representou. — Sem dúvida: se os *víssemos*, ainda que somente de passagem, todos esses prodigiosos beatos e santos artificiais, seria o fim — e justamente por isso, porque *eu* não leio as palavras sem ver os gestos, *eu dou fim a eles*... Não suporto uma certa maneira que têm de alçar os olhos. Por sorte, para a grande maioria os livros são apenas *literatura*. — — Não nos devemos deixar enganar: "não julguem!" [Mateus, 7, 1], dizem eles, mas mandam ao inferno tudo o que lhes fica no caminho. Fazendo com que Deus julgue, eles próprios julgam; glorificando a Deus, glorificam a si mesmos; *promovendo* as virtudes de que são capazes — mais ainda, de que têm necessidade para ficar no topo —, dão a si mesmos a grande aparência de pelejar pela virtude, de lutar pelo predomínio da virtude. "Vivemos, morremos, sacrificamo-nos *pelo bem*" (— a "verdade", a "luz", o "reino de Deus"): na verdade, fazem o que não podem deixar de fazer. Impondo-se à maneira de hipócritas, permanecendo no canto, vivendo na sombra uma existência de sombras, fazem um *dever* disso tudo: como dever, sua vida aparece como humildade; como humildade, é uma prova mais de devoção... Ah, essa humilde, casta, misericordiosa forma de mendacidade! "A própria virtude deve dar testemunho de nós"... Leiam-se os evangelhos como livros de sedução pela *moral*: a moral é arrestada por essa gente pequena — eles sabem o que tem a moral! A melhor maneira de *enganar* a humanidade é com a moral! — A realidade é que aí a mais consciente *arrogância de eleito* posa de modéstia: colocaram a *si mesmos*, a "comunidade", os "bons e justos", definitivamente de um lado, o da "verdade" — e o resto, "o mundo", de outro... *Esta* foi a mais fatídica espécie de megalomania que jamais houve na Terra: pequenos abortos de santarrões e mentirosos puseram-se a reivindicar para si os conceitos de "Deus", "verdade", "luz", "espírito", "amor", "sabedoria", "vida", como se fossem sinônimos de si, para delimitar o "mundo" em relação a si; pequenos judeus superlativos, maduros para toda espécie de hospício, reviraram os valores à *sua* imagem, como se apenas o cristão fosse o sentido, o sal, a medida e também o *Juízo Final* de todo o resto... Toda a fatalidade foi possível apenas porque um tipo aparentado, racialmente aparentado de megalomania já se encontrava no mundo, o *judaico*: tão logo se escancarou o abismo entre judeus e judeu-cristãos, não restou a estes outra escolha senão usar *contra* os próprios judeus os mesmos procedimentos de autopreservação que o instinto judaico recomendava, quando até então os judeus os haviam usado apenas contra todos os *não* judeus. O cristão é apenas um judeu de confissão "mais liberal". —

**45.** — Darei algumas amostras do que essa gente pequena pôs na cabeça, do que *puseram na boca* de seu mestre: puras confissões de "almas belas".[46] —

"E, quando alguns não vos receberem, nem vos ouvirem, saindo dali, sacudi o pó que estiver debaixo dos vossos pés, em testemunho contra eles. Em verdade vos digo que haverá mais tolerância no dia do Juízo para Sodoma e Gomorra do que para os daquela cidade." (Marcos, 6, 11)[47] — Quão *evangélico*!...

"E qualquer que escandalizar um destes pequeninos que creem em mim melhor lhe fora que lhe pusessem ao pescoço uma mó de atafona, e que fosse lançado ao mar." (Marcos, 9, 42) — Quão *evangélico*!...

"E, se o teu olho te escandalizar, lança-o fora; melhor é para ti entrares no reino de Deus com um só olho, do que, tendo dois olhos, seres lançado no fogo do inferno; onde o seu bicho não morre, e o fogo nunca se apaga." (Marcos, 9, 47) — Não é exatamente ao olho que se referem...[48]

"Em verdade vos digo que, dos que aqui estão, alguns há que não provarão a morte sem que vejam chegado o reino de Deus com poder." (Marcos, 9, 1) — *Bem mentido*, leão...[49]

"Se alguém quiser vir após mim, negue-se a si mesmo, e tome a sua cruz, e siga-me. *Porque...*" (*Observação de um psicólogo*. A moral cristã é refutada por seus *porquês*: suas "razões" refutam — eis o que é cristão.) Marcos, 8, 34. —

"Não julgais, *para que* não sejais julgados. [...] com a medida com que tiverdes medido vos hão de medir a vós." (Mateus, 7, 1) — Que conceito de justiça, de um juiz "justo"!...

"Pois, se amardes os que vos amam, *que galardão havereis?* não fazem os publicanos também assim? E, se saudardes unicamente os vossos irmãos, *que fazeis de mais?* não fazem os publicanos também assim?" (Mateus, 5, 46) — Princípio do "amor cristão": ele quer ser bem *pago*, afinal...

"Se, porém, não *perdoardes* aos homens as suas ofensas, também vosso Pai não vos perdoará as vossas ofensas." (Mateus, 6, 15) — Muito comprometedor para o mencionado "Pai"...

"Mas buscai primeiro o reino de Deus, e a sua justiça, e todas estas coisas vos serão acrescentadas." ([Mateus, 6, 33]) Todas estas coisas: alimentação, roupa, tudo de necessário na vida. Um *erro*, falando moderadamente... Logo depois[50] Deus aparece como alfaiate, ao menos em certos casos...

"Folgai nesse dia, e exultai; *porque*, eis que é grande o vosso galardão no céu, pois assim faziam os seus pais aos profetas." ([*Lucas, 6, 23*]) *Despudorada* ralé! Já se compara aos profetas...

"Não sabeis vós que sois o templo de Deus, e que o Espírito de Deus habita em vós? Se alguém destruir o templo de Deus, *Deus o destruirá*; porque o templo de Deus, *que sois vós*, é santo." (Paulo, 1ª Coríntios, 3, 16) — Algo assim não se pode desprezar o bastante...

"Não sabeis vós que os santos hão de julgar o mundo? Ora, se o mundo deve ser julgado por vós, sois porventura indignos de julgar as coisas mínimas?" (Paulo, 1ª Coríntios, 6, 2) Infelizmente, não é apenas a fala de um lunático... Esse *terrível embusteiro* prossegue, literalmente: "Não sabeis vós que havemos de julgar os anjos? Quanto mais as coisas pertencentes a esta vida!"...

"Porventura não tornou Deus louca a sabedoria deste mundo? Visto como na sabedoria de Deus o mundo não conheceu a

Deus pela sua sabedoria, aprouve a Deus salvar os crentes pela loucura da pregação. [...] Não são muitos os sábios segundo a carne, nem muitos os poderosos, nem muitos os nobres que são chamados. Mas *Deus escolheu* as coisas loucas deste mundo para confundir as sábias; e Deus escolheu as coisas fracas deste mundo para confundir as fortes. E Deus escolheu as coisas vis deste mundo, e as desprezíveis, e as que não são, para aniquilar as que são; para que nenhuma carne se glorie perante ele." (Paulo, 1ª Coríntios, 1, 20 ss.) — Para *compreender* essa passagem, um documento de primeira ordem sobre a psicologia de toda moral *chandala*, leia-se a primeira dissertação da minha *Genealogia da moral*: nela foi trazida à luz, pela primeira vez, a oposição entre uma moral *nobre* e uma moral chandala nascida do *ressentiment* [ressentimento] e da vingança impotente. Paulo foi o maior de todos os apóstolos da vingança...

**46.** — *Que resulta disso?* Que convém usar luvas ao ler o Novo Testamento. A proximidade de tanto desasseio quase que obriga a isso. Não escolheríamos os "primeiros cristãos" por companhia, assim como não escolheríamos judeus poloneses: não que fosse necessário ter alguma objeção contra eles... Nenhum dos dois cheira bem... — Em vão procurei por um único traço simpático no Novo Testamento; nada há nele que seja livre, afável, franco, reto. Ainda não se acha, ali, sequer um começo de humanidade — faltam os instintos do *asseio*... Há apenas instintos *ruins* no Novo Testamento, e nem mesmo a coragem para esses instintos ruins. Tudo é covardia, tudo é fechar os olhos e enganar a si. Todo livro torna-se limpo, após termos lido o Novo Testamento: para dar um exemplo, li encantado, logo depois de Paulo, aquele gracioso, petulante zombeteiro que é Petrônio, de quem se poderia dizer o que Domenico Boccaccio escreveu ao duque de Parma sobre César Bórgia: "*é tutto festo*" [é todo festivo] — imortalmente sadio, imortalmente alegre e bem logrado... Pois esses pequenos santarrões se equivocam no principal. Eles atacam, mas tudo o que é por eles atacado é, por isso mesmo, *distinguido*. Um "primeiro cristão" *não* macula a quem ataca... Ao contrário: é uma honra ter "primeiros cristãos" contra si. Não se lê o Novo Testamento sem uma predileção pelo que ali é maltratado — para não falar da "sabedoria desse mundo", que um insolente fanfarrão busca em vão arruinar "com tola prédica"... Mas até mesmo os escribas e fariseus retiram vantagem de tal oposição: eles devem ter valido algo, para serem odiados de forma tão indecente. Hipocrisia — eis uma censura que os "primeiros cristãos" *poderiam* fazer! — Afinal, foram os *privilegiados*: isso basta, o ódio chandala não precisa de mais razões. O "primeiro cristão" — receio que também o "último cristão" *que eu talvez ainda venha a conhecer* — é um rebelde contra tudo privilegiado, a partir de seu mais básico instinto — ele vive, combate sempre por "direitos *iguais*"... Olhando mais detidamente, ele não tem escolha. Se alguém quer ser um "eleito de Deus" — ou um "templo de Deus", ou um "juiz dos anjos" —, qualquer *outro* princípio de escolha, segundo a retidão, por exemplo, segundo o espírito, a virilidade e o orgulho, a beleza e a liberdade do coração, é simplesmente "mundo" — o *mal em si*... Moral: toda palavra na boca de um "primeiro cristão" é uma mentira, toda ação que ele realiza, uma falsidade de instinto — todos os seus valores, todos os seus fins são nocivos, mas *quem* ele odeia, *o que* ele odeia, *isso tem valor*... O cristão, em especial o cristão sacerdote, é um *critério de valores*. — — Ainda preciso dizer que em todo o Novo Testamento aparece uma *única* figura digna de respeito? Pilatos, o governador romano. Levar *a sério* uma questão entre judeus — ele não se persuade a fazer isso. Um judeu a mais ou a menos — que importa?... O nobre escárnio de um romano, ante o qual se comete um impudente abuso da palavra "verdade", enriqueceu o Novo Testamento com a única frase que tem *valor* — que é sua crítica, até mesmo sua *aniquilação*: "que é a verdade?"... [João, 18, 38]

**47.** — Não é isso que nos diferencia, que não encontremos nenhum Deus, seja na história, seja na natureza ou por trás da natureza — mas sim que não experimentemos como "divino" o que foi venerado como Deus, e sim como miserável, como absurdo, como nocivo, não apenas como erro, mas como *crime contra a vida*... Negamos Deus como Deus... Se esse Deus dos cristãos nos fosse *provado*, creríamos nele menos ainda. — Numa fórmula: *deus, qualem Paulus creavit, dei negatio* [Deus, tal como Paulo o criou, é a negação de Deus]. — Uma religião como o cristianismo, que em nenhum ponto tem contato com a realidade, que desmorona tão logo a realidade afirma seu direito num só ponto que seja, deve naturalmente ser inimiga mortal da "sabedoria do mundo", isto é, da *ciência* — aprovará todos os meios pelos quais a disciplina do espírito, a integridade e o rigor em ciências do espírito, a nobre liberdade e frieza do espírito puder ser envenenada, caluniada, *desacreditada*. A "fé" como imperativo é o *veto* contra a ciência — na prática, a mentira a todo custo... Paulo *compreendeu* que a mentira — que a "fé" era necessária; mais tarde a Igreja compreendeu Paulo. — O "Deus" que Paulo inventou, um Deus que "arruína" a "sabedoria do mundo" (em sentido estrito, as duas grandes adversárias de toda superstição, a filologia e a medicina), é, na verdade, apenas a resoluta *decisão* do próprio Paulo: chamar "Deus" sua própria vontade, *torah* [lei], isso é primordialmente judaico. Paulo *quis* arruinar a "sabedoria do mundo": seus inimigos foram os *bons* filólogos e médicos de formação alexandrina — contra eles fez a guerra. Na verdade, não se é filólogo e médico sem ser também *anticristão*. Como filólogo, olha-se *por trás* dos "livros sagrados"; como médico, *por trás* da degeneração fisiológica do cristão típico. O médico diz "incurável"; o filólogo, "fraude"...

48. — Foi realmente compreendida a célebre história que se acha no início da Bíblia — a do medo infernal de Deus à *ciência*?...[51] Não foi compreendida. Esse livro sacerdotal *par excellence* tem início, como é natural, com a grande dificuldade interior do sacerdote: *ele* conhece apenas um grande perigo; *portanto*, "Deus" conhece apenas um grande perigo. —
 O velho Deus, todo "espírito", todo sacerdote, todo perfeição, passeia em seu jardim; mas se entedia. Contra o tédio lu-

tam os próprios deuses em vão.[52] Que faz ele? Inventa o homem — o homem distrai... Mas, vejam, também o homem se entedia. A misericórdia divina, em relação ao único problema de todos os paraísos, não tem limites: Deus criou outros animais. *Primeiro* erro divino: o homem não se distraiu com os outros animais — dominava-os, nem queria ser "animal". — Por conseguinte, Deus criou a mulher. E, de fato, o tédio acabou então — mas outras coisas também! A mulher foi o *segundo* erro de Deus. — "A mulher é, por natureza, serpente, Heva"[53] — isso todo sacerdote sabe; "da mulher vem *toda* calamidade do mundo" — isso também sabe todo sacerdote. "*Por conseguinte*, dela também vem a *ciência*"... Foi somente pela mulher que o homem aprendeu a fruir da árvore do conhecimento. — Que acontecera? O velho Deus foi tomado de um medo infernal. O próprio homem se tornara seu *maior* erro, ele criara para si um rival, a ciência torna *igual a Deus* — acabam-se os sacerdotes e deuses, se o homem se torna científico! — *Moral*: a ciência é a coisa proibida em si — somente ela é proibida. A ciência é o *primeiro* pecado, o gérmen de todos os pecados, o pecado *original. Apenas isso é moral.* — "*Não* conhecerás": — o resto resulta disso. — O medo infernal de Deus não o impediu de ser sagaz. Como *defender-se* da ciência? Este foi por muito tempo o seu grande problema. Resposta: fora do paraíso com o homem! A felicidade, a ociosidade leva a ter pensamentos — todo pensamento é um mau pensamento... O homem *não deve* pensar. — E o "sacerdote em si" inventa a penúria, a morte, a gravidez com perigo de morte, todo tipo de miséria, velhice, fadiga, sobretudo a *doença* — todos meios na luta contra a ciência! A penúria não *permite* ao homem pensar... E, no entanto, coisa horrível! A obra do conhecimento se ergue, tomando de assalto os céus, insinuando o fim dos deuses — que fazer? — O velho Deus inventa a *guerra*, separa os povos, faz com que os homens se aniquilem mutuamente (— os sacerdotes sempre necessitaram da guerra...). A guerra — entre outras coisas, uma grande perturbadora da ciência! — Incrível! O conhecimento, a *emancipação do sacerdote*, cresce apesar das guerras. — E o velho Deus toma uma decisão final: "o homem tornou-se científico — *não adianta, é preciso afogá-lo!*"...

**49.** — Já me compreenderam. O início da Bíblia contém *toda* a psicologia do sacerdote. — O sacerdote conhece apenas *um* grande perigo: a ciência — a sadia noção de causa e efeito. Mas a ciência prospera, em geral, apenas em circunstâncias felizes — é preciso ter tempo, ter espírito *de sobra*, a fim de "conhecer"... "*Por conseguinte*, é preciso tornar o homem infeliz" — esta foi, em todos os tempos, a lógica do sacerdote. — Já se percebe *o que*, conforme essa lógica, veio então ao mundo: — o "*pecado*"... A noção de culpa e castigo, toda a "ordem moral do mundo" foi fundada *contra* a ciência — *contra* o desligamento do homem em relação ao sacerdote... O homem *não* deve olhar para fora, deve olhar para dentro de si; *não* deve olhar para dentro das coisas de forma sagaz e cautelosa, como quem aprende, não deve absolutamente olhar: deve *sofrer*... Fora com os médicos! *Um Salvador é necessário.* — As noções de culpa e de castigo, incluindo a doutrina da "graça", da "redenção", do "perdão" — *mentiras* ao fim e ao cabo, sem nenhuma realidade psicológica —, foram inventadas para destruir o *sentido causal* do homem: são um atentado contra a noção de causa e efeito! — *Não* um atentado com o punho, com a faca, com honestidade no ódio e no amor! Mas a partir dos mais covardes, mais astutos, mais baixos instintos! Um atentado de *sacerdote*! Um atentado de *parasita*! Um vampirismo de pálidos, subterrâneos sanguessugas!... Quando as consequências naturais de um ato já não são "naturais", mas tidas como causadas por fantasmas conceituais da superstição, por "Deus", por "espíritos", por "almas", como consequências apenas "morais", como prêmio, castigo, sinal, meio de educação, então o pressuposto para o conhecimento foi destruído — *então foi cometido o maior crime contra a humanidade.* — O pecado, diga-se mais uma vez, essa forma de autoviolação humana *par excellence*, foi inventado para tornar impossível a ciência, a cultura, toda elevação e nobreza do homem; o sacerdote *domina* mediante a invenção do pecado. —

**50.** — Neste ponto não me dispenso de oferecer uma psicologia da "fé", dos "crentes", em benefício justamente dos "crentes". Se ainda hoje não faltam os que não sabem o quanto é *indecente* ser "crente" — *ou* um sinal de *décadence*, de alquebrada vontade de vida —, já amanhã eles saberão. Minha voz alcança também os duros de ouvido. — Se não entendi mal, parece que entre os cristãos há um critério de verdade que se chama "a prova da força". "A fé torna bem-aventurado: *logo*, é verdade." — Pode-se objetar, antes de tudo, que precisamente o tornar bem-aventurado não é provado, mas apenas *prometido*: a bem-aventurança é ligada à condição de "crer" — a pessoa *deverá* ser bem-aventurada *porque* crê... Mas que efetivamente ocorra o que o sacerdote promete ao crente para o "além", que é inacessível a todo teste: como se prova *isso*? — Então a suposta "prova da força" é, no fundo, apenas mais uma fé de que não faltará o efeito que a pessoa se promete a partir da fé. Expresso numa fórmula: "eu creio que a fé torna bem-aventurado; — *portanto*, ela é verdadeira". — Mas com isso já estamos no final. Esse "portanto" seria o próprio absurdo como critério de verdade. — Digamos, porém, com alguma indulgência, que a bem-aventurança através da fé seja provada — *não* apenas desejada, *não* somente prometida pela boca um tanto suspeita de um sacerdote: poderia a bem-aventurança — tecnicamente falando, o *prazer* — ser jamais uma prova da verdade? Tão pouco, que quase se tem a prova contrária, em todo caso, a suprema suspeita em relação a "verdade", quando sentimentos de prazer intervêm na questão sobre "o que é verdadeiro". A prova do "prazer" é uma prova *de* prazer — nada mais; onde, por tudo neste mundo, seria coisa assente que juízos *verdadeiros* agradam mais do que falsos e, conforme uma harmonia preestabelecida, necessariamente trazem consigo sentimentos agradáveis? — A experiência de todos os espíritos rigorosos, de índole profunda, ensina justamente *o contrário*. Cada palmo de verdade teve de ser obtido com luta, por ela foi preciso abandonar quase tudo a que se apega o coração, o amor, a confiança na vida. Isso requer grandeza de alma: o serviço da verdade é o mais duro serviço.

— Que significa, afinal, ter *retidão* em coisas do espírito? Ser rigoroso com seu coração, desprezar os "belos sentimentos", fazer de cada Sim e Não uma questão de consciência! — — — A fé torna bem-aventurado: *portanto*, mente...

**51.** Que a fé torne bem-aventurado em certas circunstâncias, que a bem-aventurança ainda não torne uma ideia fixa numa ideia *verdadeira*, que a fé não desloque montanhas, mas talvez coloque montanhas onde elas não existem: acerca disso uma rápida volta num *manicômio* esclarece a contento. *Não* um sacerdote, certamente: pois ele nega por instinto que doença seja doença, que hospício seja hospício. O cristianismo *necessita* da doença, mais ou menos como a cultura grega necessita de uma abundância de saúde — tornar *doente* é a genuína intenção oculta de todo o sistema de procedimentos de salvação da Igreja. E a Igreja mesma — não é o hospício católico[54] como ideal derradeiro? — A própria Terra como hospício? — O homem religioso, tal como a Igreja o *quer*, é um típico *décadent*; o momento em que uma crise religiosa toma um povo é sempre marcado por epidemias nervosas; o "mundo interior" do homem religioso assemelha-se totalmente ao "mundo interior" dos superexcitados e esgotados; os estados "supremos", que o cristianismo ergueu sobre a humanidade como valor entre todos os valores, são formas epileptoides — a Igreja canonizou apenas malucos *ou* grandes embusteiros *in majorem dei honorem* [para maior honra de Deus]... Uma vez me permiti designar todo o *training* [treinamento] cristão de penitência e salvação (que hoje é estudado da melhor maneira na Inglaterra) como uma *folie circulaire* [loucura circular][55] metodicamente produzida, claro que num solo já preparado para ela, ou seja, inteiramente mórbido. Ninguém é livre para tornar-se cristão: não se é "convertido" ao cristianismo — é preciso ser doente o bastante para isso... Nós, outros, que temos a *coragem* para a saúde e também para o desprezo, como poderíamos *nós* desprezar uma religião que ensina a desprezar o corpo! Que não quer desfazer-se da superstição da alma! Que faz da nutrição insuficiente um "mérito"! Que vê e combate na saúde uma espécie de inimigo, demônio, tentação! Que se convenceu de que é possível levar uma "alma perfeita" num corpo cadavérico, e para isso teve necessidade de aprontar um novo conceito de "perfeição", um ente pálido, doentio, idiota-entusiasta chamado "santidade" — santidade, apenas uma série de sintomas do corpo empobrecido, enervado, incuravelmente corrompido!... O movimento cristão, enquanto movimento europeu, é desde o início um movimento geral dos elementos de refugo e dejeto de todo tipo: — esses querem chegar ao poder com o cristianismo. Ele *não* expressa o declínio de uma raça, é um agregado de formas de *décadence* de toda parte que se aglomeram e se buscam. *Não* foi, como se acredita, a corrupção da própria Antiguidade, da Antiguidade *nobre*, que possibilitou o cristianismo: não podemos desmentir com dureza bastante o douto idiotismo que ainda hoje sustenta algo assim. No tempo em que as camadas chandalas doentes, estragadas, cristianizavam-se em todo o império, o *tipo oposto*, a nobreza, estava presente em sua mais bela e madura forma. O grande número tornou-se senhor; o democratismo dos instintos cristãos *venceu*... O cristianismo não era "nacional", não era determinado pela raça — dirigia-se a toda espécie de deserdados da vida, tinha seus aliados em toda parte. O cristianismo tem por base a *rancune* [o rancor] dos doentes, o instinto voltado *contra* os sadios, *contra* a saúde. Tudo que vingou, tudo de orgulhoso, de atrevido, a beleza sobretudo, faz-lhe mal aos olhos e ouvidos. Mais uma vez recordo as inestimáveis palavras de Paulo. "Deus escolheu as coisas *fracas* deste mundo, as coisas *loucas* deste mundo, as coisas *vis* e *desprezíveis* deste mundo": eis a fórmula, *in hoc signo*[56] venceu a *décadence*. — *Deus na cruz* — não se compreende ainda o terrível pensamento oculto por trás desse símbolo? — Tudo o que sofre, tudo o que está na cruz é divino... Todos nós estamos na cruz, portanto somos divinos... Somente nós somos divinos... O cristianismo foi uma vitória, uma mentalidade *mais nobre* sucumbiu a ele — o cristianismo foi, até agora, o grande infortúnio da humanidade. — —

52. O cristianismo também se acha em oposição a toda boa constituição *intelectual* — pode usar apenas a razão doente como razão cristã, toma o partido de tudo idiota, pronuncia a maldição contra o "espírito", contra a *superbia* [soberba] do intelecto são. Como a doença é da essência do cristianismo, também o típico estado cristão, a "fé", *tem* de ser uma forma de doença, todos os caminhos retos, honestos, científicos para o conhecimento *têm* de ser rejeitados como caminhos *proibidos* pela Igreja. A dúvida já é um pecado... A completa falta de asseio psicológico no sacerdote — que já se revela no olhar — é uma *consequência* da *décadence* —, deve-se observar nas mulheres histéricas, e também nas crianças de compleição raquítica, com que regularidade o fingimento por instinto, o prazer de mentir por mentir, a incapacidade de olhares e passos retos é expressão de *décadence*. "Fé" significa não *querer* saber o que é verdadeiro. O pietista, o sacerdote de ambos os sexos, é falso *porque* é doente: seu instinto *exige* que em nenhum ponto a verdade obtenha seu direito. "O que faz doente é *bom*; o que vem da plenitude, da abundância, do poder, é *mau*": eis o modo de sentir do crente. *Não ter escolha senão a mentira* — nisso percebo quem é predestinado a teólogo. — Uma outra marca do teólogo é sua *inaptidão para a filologia*. Por filologia entenda-se aqui, em sentido bastante geral, a arte de ler bem — ser capaz de ler fatos *sem* falseá-los com interpretação, *sem* perder a cautela, paciência, a finura, no anseio de compreensão. Filologia como *ephexis* [indecisão] na interpretação: seja com livros, notícias de jornal, destinos ou dados meteorológicos — sem falar da "salvação da alma"... A maneira como um teólogo, não importa se em Roma ou Berlim, interpreta uma "palavra da Escritura" ou uma experiência, uma vitória do exército nacional, por exemplo, sob a elevada iluminação dos salmos de Davi, é sempre tão *ousada* que faz um filólogo subir pelas paredes. E o que deve ele fazer quando pietistas e outros ruminantes da Suábia convertem o miserável cotidiano e enfumaçado aposento de sua vida, com o dedo de Deus, num milagre de "graça", de "providência", de "experiências de salvação"? Um modestíssimo dispêndio de es-

pírito, para não dizer de *decência*, levaria tais intérpretes a convencer-se da perfeita puerilidade e indignidade desse abuso do dedo divino. Mesmo com um mínimo de religiosidade no peito, um Deus que no instante certo cura um resfriado, ou que nos faz subir na carruagem quando começa uma tempestade, deveria nos parecer tão absurdo que teria de ser eliminado, ainda que existisse. Um Deus como doméstico, como carteiro, como calendarista[57] — no fundo, uma palavra para designar o mais estúpido tipo de acaso... A "providência divina", na qual um em cada três homens da "Alemanha douta" ainda hoje acredita, seria uma objeção a Deus, como não poderia ser imaginada mais forte. E, em todo caso, é uma objeção aos alemães!...

**53.** — É tão pouco verdadeiro que os *mártires* provem algo quanto à verdade de uma causa, que eu negaria que um mártir tenha tido jamais alguma coisa a ver com a verdade. O tom com que um mártir lança ao rosto do mundo o que considera verdadeiro já exprime um grau tão baixo de retidão intelectual, tamanha *obtusidade* para a questão da verdade, que jamais é preciso refutar um mártir. A verdade não é algo que uma pessoa teria e outra não: quando muito, camponeses ou apóstolos-camponeses à maneira de Lutero podem pensar assim sobre a verdade. Podemos estar seguros de que, conforme o grau de conscienciosidade em coisas do espírito, tanto maior é a modéstia, a *moderação* nesse ponto. *Saber* cinco coisas, e com mão delicada recusar saber *outras*... "Verdade", como todo profeta, todo sectário, todo livre-pensador, todo socialista, todo eclesiástico entende a palavra, é a perfeita prova de que nem mesmo teve início aquela autossuperação e disciplina do espírito necessária para encontrar alguma verdade, por menor que seja. — As mortes dos mártires, diga-se de passagem, foram uma calamidade na história: elas *seduziram*... A conclusão de todos os idiotas, incluindo as mulheres e o povo, de que deve haver algo numa causa pela qual alguém morre (ou que até mesmo, como o cristianismo inicial, produz epidemias de ânsia de morte) — essa conclusão tornou-se um enorme entrave ao exame, ao espírito de exame e à cautela. Os mártires *prejudicaram* a verdade... Ainda hoje basta a crueza de uma perseguição para dar ao mais insignificante sectarismo um nome *respeitável*. — Como? Altera o valor de algo o fato de alguém dar a vida por ele? — Um erro que se torna respeitável é um erro que possui um encanto de sedução a mais: acreditam vocês, senhores teólogos, que lhes daríamos ocasião de se fazerem de mártires para a sua mentira? — Refuta-se algo colocando-o atenciosamente sobre o gelo — da mesma forma refuta-se um teólogo... Foi essa a estupidez de todos os perseguidores ao longo da história, dar à causa oposta a aparência de algo honroso — presenteá-la com o fascínio do martírio... Ainda hoje a mulher está de joelhos diante de um erro, porque lhe disseram que por ele alguém morreu na cruz. *Então a cruz é um argumento?* — — Mas acerca de todas essas coisas apenas um indivíduo disse a palavra que havia milênios era necessária — *Zaratustra*.

Sinais de sangue eles escreveram no caminho que percorriam, e sua loucura ensinava que a verdade se prova com o sangue.

Mas o sangue é o pior testemunho da verdade; o sangue envenena ainda a mais pura doutrina, tornando-a ilusão e ódio do coração.

E se alguém atravessa o fogo por sua doutrina — que demonstra isso? Mais vale, verdadeiramente, que da sua própria fogueira venha sua doutrina.[58]

**54.** Não nos enganemos: grandes espíritos são céticos. Zaratustra é um cético. A fortaleza, a *liberdade* que vem da força e sobreforça do espírito, *prova-se* mediante o ceticismo. Homens de convicção não devem ser levados em conta em nada fundamental referente a valor e desvalor. Convicções são prisões. Eles não veem longe o bastante, não veem *abaixo* de si: mas, para poder falar sobre valor e desvalor, é preciso ver quinhentas convicções *abaixo* de si — *atrás* de si... Um espírito que quer coisas grandes, que quer também os meios para elas, é necessariamente um cético. Ser livre de todo tipo de convicções faz parte da força, *poder* olhar livremente... A grande paixão, o fundamento e o poder de seu ser, ainda mais esclarecida, mais despótica do que ele mesmo, toma todo o seu intelecto a seu serviço; ela tira toda hesitação; dá-lhe coragem até para usar meios profanos; em algumas circunstâncias, *permite-lhe* convicções. A convicção como *meio*: muita coisa se alcança apenas por meio de uma convicção. A grande paixão necessita, utiliza convicções, não se submete a elas — sabe-se soberana. — Inversamente: a necessidade de fé, de algum incondicional Sim e Não, o carlylismo, se me permitem a palavra,[59] é uma necessidade da *fraqueza*. O homem de fé, o "crente" de todo tipo, é necessariamente um homem dependente — que não pode colocar *a si* como finalidade, que não pode absolutamente colocar finalidades a partir de si. O "crente" não pertence *a si*, pode apenas ser meio, tem de ser *usado*, necessita de alguém que o use. Seu instinto atribui a honra máxima a uma moral da abnegação: tudo o persuade a esta, sua prudência, sua experiência, sua vaidade. Todo tipo de fé é, em si mesmo, uma expressão de abnegação, de alienação de si...[60] Se considerarmos o quanto é necessário para a imensa maioria um regulador, que desde fora amarra e fixa, como a coação, a *escravidão*, num sentido mais alto, é a única e derradeira condição em que prospera o indivíduo de vontade fraca, sobretudo a mulher: então compreendemos também a convicção, a "fé". O homem de convicção tem nela a sua espinha dorsal. *Não* ver muitas coisas, em nenhum ponto ser imparcial, ser inteiramente partidário, ter uma ótica estrita e necessária em todos os valores — apenas isso faz com que exista esse tipo de pessoas. Mas com isso ele é o oposto, o *antagonista* do veraz — da verdade... O crente não é livre para ter alguma consciência quanto à questão do "verdadeiro" e do "não verdadeiro": ser honesto *nesse* ponto seria a sua imediata ruína. O condicionamento patológico de sua ótica faz do convicto um fanático — Savonarola, Lutero, Rousseau, Robespierre, Saint-Simon[61] —, o tipo contrário do espírito forte, que se tornou *livre*. Mas as grandes atitudes desses espíritos *doentes*, desses epilépticos do conceito, influi sobre a grande massa — os fanáticos são pitorescos, a humanidade prefere ver gestos a ouvir razões...

55. — Um passo adiante na psicologia da convicção, da "fé". Já há algum tempo, propus considerar se as convicções não seriam inimigos mais perigosos da verdade do que as mentiras (*Humano, demasiado humano* [§ 483]). Agora faço esta pergunta decisiva: existe realmente oposição entre mentira e convicção? — O mundo inteiro acredita que sim; mas o que não acredita o mundo inteiro! — Cada convicção tem sua história, suas formas preliminares, suas tentativas e erros: ela *torna-se* convicção após *não* ser uma por muito tempo, após *mal* ser uma por mais tempo ainda. Como? Entre essas formas embrionárias da convicção não poderia estar a mentira? — Às vezes basta uma mudança de pessoa: no filho torna-se convicção o que no pai ainda era mentira. — Chamo de mentira *não* querer ver algo que se vê, *não* querer vê-lo *tal* como se vê: se a mentira ocorre na presença de testemunhas ou não, é algo que não importa. A mentira mais habitual é aquela com que se mente a si mesmo; mentir para outros é, relativamente, uma exceção. — Esse *não* querer ver o que se vê, não querer ver *tal* como se vê, é praticamente a primeira condição de todos os que são *partido* em algum sentido: o homem de partido torna-se mentiroso necessariamente. A historiografia alemã, por exemplo, está convencida de que Roma era o despotismo, de que os germanos trouxeram ao mundo o espírito de liberdade: que diferença há entre essa convicção e uma mentira? Podemos ainda nos admirar, quando todos os partidos, inclusive os historiadores alemães, têm instintivamente na boca as grandes palavras da moral — de que a moral *continue existindo* praticamente pelo fato de que o homem de partido de todo tipo dela necessite a cada instante? — "Esta é a *nossa* convicção; nós a proclamamos ante o mundo inteiro, nós vivemos e morremos por ela — respeito por todos os que têm convicções!" — coisas assim já ouvi até mesmo da boca de antissemitas. Pelo contrário, meus senhores! Um antissemita

não se torna em absoluto mais decente pelo fato de mentir por princípio... Os sacerdotes, que nessas questões são muito mais sutis e compreendem muito bem a objeção que há no conceito de convicção, isto é, uma mendacidade por princípio, *porque* serve a um propósito, herdaram dos judeus a sagacidade de nesse ponto interpolar o conceito de "Deus", "vontade de Deus", "revelação de Deus". Também Kant, com seu imperativo categórico, achava-se no mesmo caminho: sua razão se tornou aí *prática*. — Existem questões em que *não* é dada ao homem a decisão sobre verdade e inverdade; todas as questões mais altas, todos os mais altos problemas de valores estão além da razão humana... Compreender os limites da razão — apenas *isso* é verdadeiramente filosofia... Para que Deus deu ao homem a revelação? Teria Deus feito algo supérfluo? O homem não é *capaz* de saber por si o que é bom e mau, por isso Deus lhe ensinou sua vontade... Moral: o sacerdote *não* mente — a questão "verdadeiro" ou "não verdadeiro", nessas coisas de que falam os sacerdotes, não permite absolutamente mentir.[62] Pois para mentir seria necessário poder decidir *o que* aí é verdadeiro. Mas o homem não é *capaz* disso; o sacerdote, assim, é apenas o porta-voz de Deus. — Um tal silogismo de sacerdote não é, de modo algum, meramente judeu e cristão: o direito de mentir e a *sagacidade* da "revelação" são parte do tipo sacerdote, tanto dos sacerdotes da *décadence* como dos sacerdotes do paganismo ( — pagãos são todos os que dizem Sim à vida, para os quais "Deus" é a palavra para o grande Sim a todas as coisas). — A "Lei", a "vontade de Deus", o "livro sagrado", a "inspiração" — tudo apenas palavras para as condições *sob* as quais o sacerdote chega ao poder, *com* as quais ele sustenta seu poder — esses conceitos se acham na base de todas as organizações sacerdotais, de todas as formações sacerdotais ou filosófico-sacerdotais de domínio. A "mentira sagrada" — comum a Confúcio, ao código de Manu, a Maomé, à Igreja cristã: não está ausente em Platão. "A verdade em si": isto significa, onde quer que seja ouvido: *o sacerdote mente...*

**56.** Afinal, a questão é para que *finalidade* se mente. O fato de não haver finalidades "santas" no cristianismo é a *minha* objeção aos seus meios. Apenas finalidades *ruins*: envenenamento, difamação, negação da vida, desprezo do corpo, rebaixamento e autoviolação do homem pelo conceito de pecado — *portanto*, também seus meios são ruins. É com o sentimento oposto que leio o código de *Manu*, uma obra inigualavelmente espiritual e superior, tanto que apenas nomeá-la juntamente com a Bíblia seria um pecado contra o *espírito*. Logo se percebe: ele tem uma verdadeira filosofia atrás de si, *em* si, não apenas uma malcheirosa judaína[63] de rabinismo e superstição — até ao mais fastidioso psicólogo ele dá algo substancial para morder. *Não* esquecendo o principal, a diferença básica em relação a toda espécie de Bíblia: com ele as classes *nobres*, os filósofos e os guerreiros, erguem a mão sobre a multidão; valores nobres em toda parte, um sentimento de perfeição, um dizer Sim à vida, um triunfante sentimento de bem-estar consigo e com a vida — o *Sol* está em todo o livro. — Todas as coisas nas quais o cristianismo verte a sua insondável vulgaridade, a procriação, por exemplo, a mulher, o matrimônio, são aí tratadas seriamente, com reverência, com amor e confiança. Como se pode mesmo pôr nas mãos de crianças e mulheres um livro que contém estas palavras vis: "por causa da prostituição, cada um tenha a sua própria mulher, e cada uma tenha o seu próprio marido: [...] é melhor casar do que abrasar-se"? [1ª Coríntios, 7, 2, 9] E é lícito ser cristão,[64] se com a noção da *immaculata conceptio* [imaculada concepção] a origem do ser humano é cristianizada, isto é, *maculada*?... Não conheço livro em que se dizem tantas coisas delicadas e gentis às mulheres como no código de Manu; esses velhuscos e santos têm um modo de serem amáveis com as mulheres que talvez não tenha sido superado. "A boca de uma mulher" — diz um trecho —, "o busto de uma garota, a oração de uma criança, a fumaça do sacrifício são sempre puros." Outra passagem: "nada existe mais puro que a luz do sol, a sombra de uma vaca, o ar, a água, o fogo e o respirar de uma garota". Uma última passagem — talvez também uma mentira sagrada —: "todas as aberturas do corpo acima do umbigo são puras, todas abaixo, impuras. Apenas na garota o corpo inteiro é puro".

**57.** Surpreendemos a *não santidade* dos meios cristãos *in flagranti*, se medimos a *finalidade cristã* pela finalidade do código de Manu — se colocamos sob luz forte esse enorme contraste de finalidades. O crítico do cristianismo não pode furtar-se a fazê--lo parecer *desprezível*. — Um código de leis como o de Manu se origina como todo bom código de leis: resume a experiência, prudência e moralidade experimental de largos séculos; conclui, nada mais cria. O pressuposto para uma codificação desse tipo é a compreensão de que os meios de proporcionar autoridade a uma verdade lenta e custosamente adquirida são radicalmente diversos daqueles com os quais ela seria demonstrada. Um código de leis nunca se refere à utilidade, aos motivos, à casuística que houve na pré-história de uma lei: desse modo perderia o tom imperativo, o "tu deves", o pressuposto para ser obedecido. O problema está justamente nisso. — Num determinado ponto do desenvolvimento de um povo, sua camada mais circunspecta, ou seja, a que mais olha para trás e para adiante, dá por concluída a experiência segundo a qual se deve — isto é, se *pode* — viver. Seu objetivo é tirar a colheita mais rica e completa possível das épocas de experimento e de *má* experiência. Portanto, o que se há de evitar mais que tudo é o prosseguimento da experimentação, o perdurar de um estado fluido de valores, o examinar, escolher, criticar valores *in infinitum*. Contra isso é erguida uma dupla muralha: primeiro a *revelação*, a afirmativa de que a razão dessas leis *não* é de procedência humana, *não* foi buscada e achada lentamente e com muitos erros, e sim, tendo origem divina, é inteira, perfeita, sem história, uma dádiva, um prodígio, simplesmente comunicada... Depois a *tradição*, a afirmativa de que a lei existe desde tempos imemoriais, de que pô-la em dúvida é algo ímpio, um crime contra os antepassados. A autoridade da lei é fundamentada nessas teses: Deus a *deu*, os antepassados a *viveram*. — A superior razão de um tal procedimento está na intenção de pouco a pouco reprimir[65] a consciência da vida percebida como correta (ou seja, *comprovada* por uma enorme experiência cuidadosamente filtrada): de modo que se alcance o perfeito automatismo do instinto — o pressuposto para toda espécie de mestria, para todo tipo de perfeição na arte da vida. Estabelecer um código como o de Manu significa conceder a um povo, a partir de então, que ele venha a tornar-se mestre, tornar-se perfeito — ambicionar a suprema arte da vida. *Para isso, deve ser tornado inconsciente*: eis a finalidade de toda mentira sagrada. — A *ordem das castas*, a lei suprema, dominante, é apenas a sanção de uma *ordem natural*, de leis naturais[66] de primeira categoria, sobre as quais nenhum arbítrio, nenhuma "ideia moderna" tem poder. Em toda sociedade sã se distinguem, condicionando um ao outro, três tipos de diferente gravitação fisiológica, dos quais cada um tem sua própria higiene, seu próprio âmbito de trabalho, sua própria espécie de mestria e sentimento de perfeição. A natureza, e *não* Manu, é que separa os predominantemente espirituais, os predominantemente fortes em músculo e temperamento, e os que não se destacam nem de uma maneira nem de outra, os medíocres — estes sendo o grande número, e os dois primeiros, os seletos. A casta mais alta — eu a denomino *os poucos* — tem, sendo ela a perfeita, também as prerrogativas dos poucos: entre elas, a de representar a felicidade, a beleza, a bondade na Terra. Apenas aos indivíduos mais espirituais é permitida a beleza, o belo: apenas neles a bondade não é fraqueza. *Pulchrum est paucorum hominum* [O belo é para poucos]:[67] o bom é um privilégio. Por outro lado, nada lhes é menos consentido do que maus modos ou um olhar pessimista, um olho que *torna feio* — ou uma indignação pelo aspecto global das coisas. A indignação é prerrogativa dos chandalas; o pessimismo também. *"O mundo é perfeito"* — assim fala o instinto dos mais espirituais, o instinto que diz Sim: "a imperfeição, tudo o que se acha *abaixo* de nós, a distância, o *páthos* da distância, o próprio chandala é parte dessa perfeição". Os homens mais espirituais, sendo os *mais fortes*, encontram sua felicidade onde outros achariam sua ruína: no labirinto, na dureza consigo e com os outros, na tentativa; seu prazer é a autossujeição: o ascetismo torna-se neles natureza, necessidade, instinto. A tarefa difícil é para eles privilégio, lidar com fardos que esmagam outros, uma *recreação*... Conhecimento — uma forma de ascetismo. — São a mais venerável espécie de homens: o que não exclui que sejam a mais jovial, a mais adorável. Eles não dominam porque querem, mas porque *são*, não lhes é dado serem os segundos. — *Os segundos*: eles são os guardiães do direito, os que cuidam da ordem e da segurança, os guerreiros nobres, sobretudo o *rei*, como a mais alta fórmula de guerreiro, juiz e mantenedor da lei. Os segundos são os executivos dos homens mais espirituais, o que eles têm de mais próximo, o que lhes tira o que há de *grosseiro* no trabalho de dominar — seu séquito, sua mão direita, seus melhores alunos. — Nisso tudo, repito, nada é arbitrário, nada é "feito"; o que é *de outro modo* é feito — a natureza sofre então uma desfeita... A ordem das castas, a *hierarquia*, apenas formula a lei maior da própria vida, a separação dos três tipos é necessária para a conservação da sociedade, para possibilitar tipos mais elevados e supremos — a *desigualdade* dos direitos é a condição para que haja direitos. — Um direito é um privilégio.[68] Cada qual tem, em sua espécie de ser, também seu privilégio. Não subestimemos os privilégios dos *medíocres*.[69] Conforme a *altura*, a vida se torna mais dura — o frio aumenta, a responsabilidade aumenta. Uma cultura elevada é uma pirâmide: pode erguer-se apenas num terreno amplo, tem por pressuposto, antes de tudo, uma mediocridade forte, sadiamente consolidada. O artesanato, o comércio, a agricultura, a *ciência*, a arte em sua maior parte, a quintessência da atividade profissional, em suma, é compatível tão somente com uma mediania na capacidade e nos anseios: algo assim estaria deslocado entre as exceções, o instinto que lhe é próprio estaria em contradição tanto com o aristocratismo como com o anarquismo. Há uma destinação natural no fato de alguém ser uma utilidade pública, uma roda, uma função: *não* é a sociedade, é o tipo de *felicidade* de que a grande maioria dos homens é capaz que faz deles máquinas inteligentes. Para o *mediano*, ser mediano é uma felicidade; a mestria numa só coisa, a especialidade, um instinto natural. Seria totalmente indigno de um espírito profundo ver já na mediania em si uma objeção. Ela é, inclusive, a necessidade *primeira* para que possam existir exceções: depende dela uma cultura elevada. Se o homem-exceção trata justamente os medianos com dedos mais delicados do que a si mesmo e seus pares, isso não é apenas cortesia do coração — é simplesmente seu *dever*... A quem odeio mais, da gentalha de hoje? A gentalha socialista, os apóstolos chandalas, que solapam o instinto, o prazer, o sentimento de satisfação do trabalhador com seu pequeno ser — que o tornam invejoso, que lhe ensinam a vingança... A injustiça não está jamais nos direitos desiguais, está na reivindicação de direitos *"iguais"*... O que é ruim? Já o disse: tudo o que se origina da fraqueza, da inveja, da *vingança*. — O anarquista e o cristão têm a mesma origem...

**58.** De fato, faz diferença a finalidade com que se mente: se conservamos ou *destruímos*. Pode-se estabelecer uma equiparação perfeita entre o *anarquista* e o *cristão*: sua finalidade, seu instinto volta-se apenas para a destruição. Para encontrar a prova dessa tese, basta ler a história: acha-se registrada nela com apavorante clareza. Se acabamos de conhecer uma legislação religiosa cuja finalidade era "eternizar" a suprema condição para que a vida *prospere*, uma grande organização da sociedade, o cristianismo viu como sua missão justamente pôr um fim a essa organização, *porque nela a vida prosperava*. Ali os ganhos da razão, após longos períodos de experimentação e incerteza, seriam aplicados para uma vantagem bastante remota, e a colheita seria a maior, mais abundante, mais completa possível; aqui, ao contrário, ela foi *envenenada* da noite para o dia... Aquilo que lá estava *aere perennius* [mais duradouro que o bronze],[70] o *Imperium Romanum*, a mais grandiosa forma de organização em circunstâncias difíceis que até agora foi alcançada, em comparação com a qual tudo anterior e posterior é diletantismo, remendo, mixórdia — aqueles santos anarquistas consideraram "devoção" [a tarefa de] destruir "o mundo", *ou seja*, o *Imperium Romanum*, até que não ficasse pedra sobre pedra — até que mesmo os germanos e outros grosseirões pudessem dele se assenhorar... O cristão e o anarquista: ambos *décadents*, ambos incapazes de atuar de outra forma que não dissolvendo, envenenando, estiolando, *chupando o sangue*, ambos o instinto do *ódio mortal* a tudo o que está de pé, que é grande, que tem duração, que promete futuro à vida... O cristianismo foi o vampiro do *Imperium Romanum* — o tremendo feito dos romanos, conquistar terreno para uma cultura grande, *que tem tempo*, ele desfez da noite para o dia. — Ainda não compreendem? O *Imperium Romanum* que conhecemos, que a história da província romana nos ensina a conhecer cada vez melhor, essa admirável obra de arte do grande estilo, era um começo, sua construção era calculada para *provar* a si mesma ao longo de milênios — até hoje nunca se construiu assim, nem mesmo se sonhou construir em tal medida *sub specie aeterni* [do ponto de vista da eternidade]! — Essa organização era firme o bastante para suportar maus imperadores: o acaso das pessoas não pode intervir nessas coisas — *primeiro* princípio de toda grande arquitetura. Mas não era firme o bastante para defender-se da *mais corrupta* espécie de corrupção, dos *cristãos*... Esse verme furtivo, que se acercou de cada indivíduo na noite, na neblina, na duplicidade, e de cada um sugou a seriedade para coisas *verdadeiras*, o instinto para *realidades*, esse bando covarde, feminino e açucarado afastou gradualmente as "almas" dessa construção formidável — aquelas naturezas valiosas, virilmente nobres, que na causa de Roma viam sua própria causa, sua própria seriedade, seu próprio *orgulho*. A tortuosidade de santarrões, a sigilosidade de conventículo, conceitos sombrios como inferno, sacrifício do inocente, *unio mystica* [união mística] ao beber o sangue, sobretudo o fogo da vingança lentamente avivado, a vingança chandala — *isto* assenhorou-se de Roma, o mesmo tipo de religião que, em sua forma preexistente, Epicuro havia combatido. Leia-se Lucrécio, para entender contra *o que* Epicuro lutou, *não* o paganismo, mas "o cristianismo", ou seja, a ruína das almas mediante os conceitos de culpa, castigo e imortalidade. — Ele fez guerra aos cultos *subterrâneos*, a todo o cristianismo latente — negar a imortalidade já foi, então, uma verdadeira *redenção*. — E Epicuro teria vencido, todo espírito respeitável no Império Romano era epicúrio: *então surgiu Paulo*... Paulo, o ódio chandala a Roma, ao "mundo", feito carne, feito gênio, o judeu, o judeu *eterno*[71] *par excellence*... O que ele intuiu foi como se podia, com ajuda do pequeno movimento sectário cristão à margem do judaísmo, atear "fogo" no mundo, como se podia juntar tudo o que se achava embaixo, tudo o que era secretamente sedicioso, todo o legado de agitação anárquica do império num formidável poder. "A salvação vem dos judeus." — O cristianismo como fórmula para suplantar os cultos subterrâneos de toda espécie, os de Osíris, da grande Mãe, de Mitra, por exemplo — *e* juntá-los: nessa percepção está o gênio de Paulo. Seu instinto foi tão seguro nisso que ele tomou as ideias com que aquelas religiões chandalas fascinavam e as pôs, violentando implacavelmente a verdade, na boca do salvador que inventara, e não apenas na boca — *fez* dele algo que também um sacerdote de Mitra podia entender... Esse foi seu instante de Damasco: ele compreendeu que necessitava da fé na imortalidade para tirar o valor do "mundo", que o conceito de "inferno" ainda se tornaria senhor de Roma — que com o "além" se *mata a vida*... Niilista e cristão: duas coisas que rimam, e não apenas rimam...[72]

**59.** Todo o trabalho do mundo antigo *em vão*: não tenho palavras para exprimir meu sentimento em relação a algo tão tremendo. — E, tendo em vista que seu trabalho era algo preliminar, que apenas o alicerce para um trabalho de milênios fora estabelecido com uma autoconsciência de granito, todo o *sentido* do mundo antigo em vão!... Para que os gregos? Para que os romanos? — Todos os pressupostos para uma cultura douta, todos os *métodos* científicos já estavam presentes, já se havia fixado a grande, a incomparável arte de ler bem — esse pressuposto para a tradição da cultura, para a unidade da ciência; a ciência natural, em aliança com a matemática e a mecânica, estava muito bem encaminhada — o *sentido dos fatos*, o último e mais valioso de todos os sentidos, tinha suas escolas, sua tradição já de séculos! Compreende-se isso? Todo o *essencial*

74

para poder dar início ao trabalho fora encontrado: — os métodos, é preciso falar dez vezes, *são* o essencial, também o mais difícil, também o que por mais tempo é contrariado pelos hábitos e pela preguiça. O que hoje em dia reconquistamos, com autocoação[73] indizível — pois todos temos ainda no corpo, de algum modo, os instintos ruins, cristãos —, o olhar livre ante a realidade, a mão cautelosa, a paciência e a seriedade nas menores coisas, toda a *retidão* do conhecimento — isso já estava presente! Havia mais de dois mil anos! *E*, além disso, a finura no tato e no gosto! *Não* como treino cerebral! *Não* como educação "alemã" com modos grosseiros! Mas como corpo, gesto, instinto — numa palavra, como realidade... *Tudo em vão!* Apenas uma recordação, da noite para o dia! Gregos! Romanos! A nobreza do instinto, do gosto, a pesquisa metódica, o gênio da organização e da administração, a fé, a *vontade* para o futuro do homem, o grande Sim a todas as coisas visível como *Imperium Romanum*, visível para todos os sentidos, o grande estilo não mais arte apenas, mas tornado realidade, verdade, *vida*... — E não soterrado repentinamente por uma catástrofe natural! Não pisoteado por germanos e outros patudos! Mas sim arruinado por astutos, furtivos, anêmicos, invisíveis vampiros! Vencido não — meramente sugado!... A oculta ânsia de vingança, a pequena inveja tornada *senhor*! Eis *em cima*, de uma vez, tudo que é deplorável, que sofre consigo mesmo, afligido por sentimentos ruins, todo o *mundo-gueto* da alma! — — Basta ler algum agitador cristão, o santo Agostinho, por exemplo, para compreender, para *cheirar* que pessoal pouco limpo chegou dessa forma lá em cima. Seria um completo engano pressupor alguma falta de inteligência nos líderes do movimento cristão: — oh, eles são sagazes, sagazes até a santidade, esses pais da Igreja! O que lhes falta é algo muito diverso. A natureza os negligenciou — deixou de provê-los de um modesto dom de instintos respeitáveis, decentes, *limpos*... Cá entre nós, nem sequer são homens... Quando o islã despreza o cristianismo, tem mil vezes razão: o islã tem homens por pressuposto...

**60.** O cristianismo nos subtraiu a colheita da cultura antiga, depois nos subtraiu também a colheita da cultura *islâmica*. O maravilhoso mundo da cultura moura da Espanha, no fundo mais aparentado a *nós*, mais afim a nossos gostos e sentidos do que Roma e Grécia, foi *pisoteado* — não digo por quais pés —; por quê? porque devia sua gênese a instintos nobres, de homens, porque dizia Sim à vida, também com as raras e refinadas suntuosidades da vida moura!... Os cruzados combateram algo ante o qual seria mais adequado prostrarem-se no chão — uma cultura em relação à qual até o nosso século XIX pareceria pobre, "tardio". — Sem dúvida, eles queriam pilhar: o Oriente era rico... Sejamos imparciais! As cruzadas — pirataria superior, nada mais! A nobreza alemã, nobreza viking, no fundo, estava assim no seu elemento: a Igreja sabia muito bem como se *tem* a nobreza alemã... A nobreza alemã, sempre os "suíços" da Igreja, sempre a serviço de todos os instintos ruins da Igreja — mas *bem paga*... Que a Igreja tenha travado sua guerra mortal a tudo nobre na Terra com o auxílio de espadas alemãs, de sangue e de ânimo alemão! Há muitas questões dolorosas nesse ponto. A nobreza alemã está quase *ausente* na história da cultura elevada: adivinha-se a razão... cristianismo, álcool — os dois *grandes* meios de corrupção... Não deveria haver escolha no que toca a islã e cristianismo, não mais que no tocante a um árabe e um judeu. A decisão é dada, ninguém é livre para ainda escolher. Ou se *é* um chandala ou *não* se é... "Guerra sem quartel a Roma! Paz, amizade com o islã": assim sentiu, assim *fez* aquele grande espírito livre, o gênio entre os imperadores alemães, Frederico II. Como? Um alemão tem primeiro de ser gênio, ser espírito livre, para sentir *decentemente*? — Não compreendo como um alemão pôde jamais ter sentimentos *cristãos*...

**61.** Neste ponto é necessário tocar numa lembrança ainda cem vezes mais penosa para os alemães. Os alemães privaram a Europa da última grande colheita cultural que ela podia ter — a do *Renascimento*. Compreende-se enfim, *quer-se* compreender o que foi o Renascimento? A *tresvaloração dos valores cristãos*, a tentativa, empreendida com todos os meios, com todo o gênio, de conduzir à vitória dos valores *opostos*, os valores *nobres*... Até agora houve apenas *essa* grande guerra, até agora não houve mais decisiva colocação do problema que a do Renascimento — *minha* questão é a sua questão —: também não houve jamais uma forma de *ataque* mais radical, mais direta, mais rigorosamente lançada em toda a frente e rumo ao centro! Atacar no local decisivo, na sede mesma do cristianismo, ali levar para o trono os valores *nobres*, quero dizer, para dentro dos instintos, dos mais básicos desejos e necessidades dos ali sentados... Vejo à minha frente uma *possibilidade* que é de encanto e colorido perfeitamente supraterrenos: — parece-me que ela brilha em todos os tremores de uma refinada beleza, que nela atua uma arte tão divina, tão diabolicamente divina, que em vão devassaríamos os milênios atrás de outra possibilidade assim; vejo um espetáculo tão rico de significado, tão maravilhosamente paradoxal, ao mesmo tempo, que todos os deuses do Olimpo teriam ocasião para uma gargalhada imortal — *César Bórgia como papa*...[74] Compreendem-me? Pois bem, *essa* teria sido a vitória pela qual hoje anseio —: com ela o cristianismo estaria *abolido*! — O que aconteceu? Um monge alemão, Lutero, foi a Roma. Esse monge, tendo nele todos os instintos vingativos de um sacerdote fracassado, indignou-se em Roma *contra* o Renascimento... Em vez de, profundamente grato, compreender a enormidade que acontecera, a superação do cristianismo em sua *sede* — seu ódio soube apenas extrair seu alimento desse espetáculo. Um homem religioso pensa apenas em si. — Lutero viu a *corrupção* do papado, quando justamente o contrário era evidente: a velha corrupção, o *peccatum originale*, o cristianismo já *não* estava na cadeira do papa! Mas sim a vida! Mas sim o triunfo da vida! Mas sim o grande Sim a todas as coisas belas, elevadas, ousadas!... E Lutero *restaurou* a Igreja: ele a atacou... O Renascimento — um evento sem sentido, um enorme *em vão*! — Ah, esses alemães, o que já nos custaram! Em vão — eis o que sempre foi a grande *obra* dos alemães. — A Reforma; Leibniz; Kant e a assim chamada filosofia alemã; as Guerras de Libertação; o *Reich*

— a cada vez um "em vão" para algo que já havia, para algo *que não podia ser trazido de volta*... Confesso, são meus inimigos esses alemães: neles desprezo toda espécie de desasseio nos conceitos e valores, de *covardia* ante todo honesto Sim e Não. Há quase um milênio eles vêm enredando e confundindo tudo em que tocam, carregam na consciência todas as meias medidas — três oitavos de medidas! — de que a Europa está doente — e também a mais suja espécie de cristianismo que existe, a mais incurável, a mais irrefutável, o protestantismo... Se não dermos conta do cristianismo, os *alemães* serão culpados disso...

**62.** Com isso chego ao final e pronuncio minha sentença. Eu *condeno* o cristianismo, faço à Igreja cristã a mais terrível das acusações que um promotor já teve nos lábios. Ela é, para mim, a maior das corrupções imagináveis, ela teve a vontade para a derradeira corrupção possível. A Igreja cristã nada deixou intacto com seu corrompimento, ela fez de todo valor um desvalor, de toda verdade uma mentira, de toda retidão uma baixeza de alma. Que ninguém ouse me falar de suas bênçãos "humanitárias"! Suprimir alguma aflição ia de encontro a seu interesse mais profundo — ela vivia de aflições, ela *criava* aflições, a fim de eternizar-se... O verme do pecado, por exemplo: foi a Igreja que enriqueceu a humanidade com essa aflição! — A "igualdade das almas perante Deus", essa falsidade, esse *pretexto* para as *rancunes* [os rancores] de todos os espíritos baixos, esse explosivo de conceito que afinal se tornou revolução, ideia moderna e princípio declinante de toda a organização social — é dinamite *cristã*... Bênçãos "humanitárias" do cristianismo! Cultivar na *humanitas* uma contradição, uma arte da autoviolação, uma vontade de mentira a todo custo, uma aversão, um desprezo de todos os instintos bons e honestos! — Eis as bênçãos do cristianismo! — O parasitismo como *única* prática da Igreja; tirando todo sangue, todo amor, toda esperança de vida com seu ideal de anemia, seu ideal de "santidade"; o além como vontade de negação de toda realidade; a cruz como distintivo da mais subterrânea conspiração que já houve — contra saúde, beleza, boa constituição, bravura, espírito, *bondade* de alma, *contra a vida mesma*...

Quero inscrever essa perene acusação ao cristianismo em todos os muros, onde quer que existam muros — eu tenho letras que até os cegos enxergarão... Eu declaro o cristianismo a grande maldição, o grande corrompimento interior, o grande instinto de vingança, para o qual meio nenhum é suficientemente venenoso, furtivo, subterrâneo, *pequeno* — eu o declaro a perene mácula da humanidade...

E o tempo é contado pelo *dies nefastus* [dia nefasto] com que teve início essa fatalidade — pelo primeiro dia do cristianismo! — *Por que não pelo último? A partir de hoje?* — Tresvaloração de todos os valores!...

## LEI CONTRA O CRISTIANISMO[75]
## PROCLAMADA NO DIA DA SALVAÇÃO, DIA PRIMEIRO DO ANO UM

## (30 DE SETEMBRO DE 1888 DA CONTAGEM ERRADA)

*Guerra mortal ao vício*: *o vício é o cristianismo*

*Artigo primeiro*. — Viciosa é toda espécie de antinatureza. A mais viciosa espécie de homem é o sacerdote: ele *ensina* a antinatureza. Contra o sacerdote não há razões, há o cárcere.

*Artigo segundo*. — Toda participação num ofício divino é um atentado à moralidade pública. Deve-se ser mais duro com os protestantes do que com os católicos, e mais duro com os protestantes liberais do que com os ortodoxos. O que há de criminoso no fato de ser cristão aumenta à medida que alguém se aproxima da ciência. Portanto, o criminoso dos criminosos é o filósofo.

*Artigo terceiro*. — O local maldito onde o cristianismo chocou seus ovos de basilisco deve ser arrasado e, como lugar *infame* da Terra, será o terror da posteridade. Nele deverão ser criadas serpentes venenosas.

*Artigo quarto*. — A pregação da castidade é uma incitação pública à antinatureza. Todo desprezo da vida sexual, toda impurificação da mesma através do conceito de "impuro" é o autêntico pecado contra o sagrado espírito da vida.

*Artigo quinto*. — Quem senta à mesa com um sacerdote é expulso: excomunga a si mesmo da sociedade honesta. O sacerdote é *nosso* chandala — deve ser banido, esfomeado, enxotado para toda espécie de deserto.

*Artigo sexto*. — A história "sagrada" deve ser chamada com o nome que merece, história *maldita*; as palavras "Deus", "Salvador", "Redentor", "Santo" devem ser usadas como insultos, como insígnias de criminosos.

*Artigo sétimo*. — Tudo o mais se segue disso.

*O Anticristo*

# Ditirambos de Dionísio

> Desejando prestar à humanidade um favor sem limites, ofereço-lhe meus ditirambos. Deposito-os nas mãos do poeta de Isoline, o maior, o primeiro dos sátiros que hoje vive — e não apenas hoje...[76]
>
> *Dionísio*

# NUR NARR! NUR DICHTER!

*Bei abgehellter Luft,*
*wenn schon des Thau's Tröstung*
*zur Erde niederquillt,*
*unsichtbar, auch ungehört*
*— denn zartes Schuhwerk trägt*
*der Tröster Thau gleich allen Trostmilden —*
*gedenkst du da, gedenkst du, heisses Herz,*
*wie einst du durstetest,*
*nach himmlischen Thränen und Thaugeträufel*
*versengt und müde durstetest,*
*dieweil auf gelben Graspfaden*
*boshaft abendliche Sonnenblicke*
*durch schwarze Bäume um dich liefen*
*blendende Sonnen-Gluthblicke, schadenfrohe.*

*"Der Wahrheit Freier — du? so höhnten sie*
*nein! nur ein Dichter!*
*ein Thier, ein listiges, raubendes, schleichendes,*
*das lügen muss,*
*das wissentlich, willentlich lügen muss,*
*nach Beute lüstern,*
*bunt verlarvt,*
*sich selbst zur Larve,*
*sich selbst zur Beute*
*das — der Wahrheit Freier?...*

*Nur Narr! Nur Dichter!*
*Nur Buntes redend,*
*aus Narrenlarven bunt herausredend,*
*herumsteigend auf lügnerischen Wortbrücken,*

# SOMENTE LOUCO! SOMENTE POETA!


No ar desanuviado,
quando o consolo do orvalho
já se estende sobre a terra,
invisível, também não ouvido
— pois calçados leves tem o orvalho consolador,
como todos os que suavemente consolam —
tu recordas então, recordas, ardente coração,
como uma vez tinhas sede
de lágrimas celestes e de orvalhos,
crestado e fatigado,
enquanto nas trilhas de erva seca
maliciosos olhares do sol vespertino
corriam ao teu redor por entre árvores negras,
ofuscantes olhares do sol em brasa, de alegre maldade.

"Pretendente da *Verdade* — tu?" — assim zombavam eles —
"Não! Somente poeta!
um bicho, ardiloso, de rapina, insinuante,
que tem de mentir,
que ciente, voluntariamente tem de mentir,
ávido de presa,
disfarçado de cores,
para si mesmo um disfarce,
para si mesmo uma presa,
*isso* — pretendente da Verdade?...

Somente louco! Somente poeta!
Falando somente coisas coloridas,
falando a partir de máscaras de tolo,
subindo por mentirosas pontes de palavras,

*auf Lügen-Regenbogen*
*zwischen falschen Himmeln*
*herumschweifend, herumschleichend —*
*nur Narr! nur Dichter!...*

*Das — der Wahrheit Freier?...*
*Nicht still, starr, glatt, kalt,*
*zum Bilde worden,*
*zur Gottes-Säule,*
*nicht aufgestellt vor Tempeln,*
*eines Gottes Thürwart:*
*nein! feindselig solchen Tugend-Standbildern,*
*in jeder Wildniss heimischer als in Tempeln,*
*voll Katzen-Muthwillens*
*durch jedes Fenster springend*
*husch! in jeden Zufall,*
*jedem Urwalde zuschnüffelnd,*
*dass du in Urwäldern*
*unter buntzottigen Raubthieren*
*sündlich gesund und schön und bunt liefest,*
*mit lüsternen Lefzen,*
*selig-höhnisch, selig-höllisch, selig-blutgierig,*
*raubend, schleichend, lügend liefest...*

*Oder dem Adler gleich, der lange,*
*lange starr in Abgründe blickt,*
*in seine Abgründe...*
*— oh wie sie sich hier hinab,*
*hinunter, hinein,*
*in immer tiefere Tiefen ringeln! —*

*Dann,*
*plötzlich,*
*geraden Flugs*
*gezückten Zugs*
*auf Lämmer stossen,*

por arcos-íris de mentiras,
entre falsos céus
vagueando, deslizando —
*somente* louco! *somente* poeta!

*Isso* — pretendente da Verdade?...
Não calmo, hirto, liso, frio,
tornado imagem
pilar de Deus,
não erguido diante de templos,
guardião da porta de um Deus:
não! hostil a essas estátuas de virtude,
em todo ermo mais em casa do que em templos,
cheio de capricho de felino
a saltar por toda janela
zás! para todo acaso,
farejando em cada floresta virgem,
que corras em florestas virgens
entre bestas de jubas coloridas
pecaminosamente sadio e belo e colorido corras
com ávidos beiços,
feliz-zombeteiro, feliz-infernal, feliz-sanguinolento,
corras rapinando, deslizando, *mentindo*...

Ou como a águia, que longamente,
longamente olha, hirta, nos abismos,
em *seus* abismos...
— oh, como eles se encaracolam
para baixo, para dentro,
em cada vez mais fundas profundezas! —

Então,
de repente,
em voo direto,
em súbito arremesso
cair sobre *cordeiros*,

*jach hinab, heisshungrig,*
*nach Lämmern lüstern,*
*gram allen Lamms-Seelen,*
*grimmig gram Allem, was blickt*
*tugendhaft, schafmässig, krauswollig,*
*dumm, mit Lammsmilch-Wohlwollen...*

*Also*
*adlerhaft, pantherhaft*
*sind des Dichters Sehnsüchte,*
*sind deine Sehnsüchte unter tausend Larven,*
*du Narr! du Dichter!...*

*Der du den Menschen schautest*
*so* Gott *als* Schaf —,
*den Gott zerreissen im Menschen*
*wie das Schaf im Menschen*
*und zerreissend* lachen —

*das, das ist deine Seligkeit,*
*eines Panthers und Adlers Seligkeit,*
*eines Dichters und Narren Seligkeit!"...*

*Bei abgehellter Luft,*
*wenn schon des Monds Sichel*
*grün zwischen Purpurröthen*
*und neidisch hinschleicht,*
*— dem Tage feind,*
*mit jedem Schritte heimlich*
*an Rosen-Hängematten*
*hinsichelnd, bis sie sinken,*
*nachtabwärts blass hinabsinken*:

*so sank ich selber einstmals,*
*aus meinem Wahrheits-Wahnsinne,*
*aus meinen Tages-Sehnsüchten,*

bruscamente para baixo, voraz,
cobiçando cordeiros,
irritado com todas as almas de cordeiro,
ferozmente irritado com tudo o que olha
virtuosamente, como ovelha, de lã crespa,
estupidamente, com benevolência de leite de ovelha...

Portanto,
aquilinos, de pantera
são os anseios do poeta,
são teus anseios sob milhares de disfarces,
ó louco! ó poeta!...

Tu, que olhaste o homem
como *deus* e como *carneiro* —,
*dilacerar* o deus no homem
como o carneiro no homem
e *rir* dilacerando —

*isso, isso é a tua ventura*,
ventura de uma pantera e águia,
ventura de um poeta e louco!"...

No ar desanuviado,
quando já a foice da lua
entre rubores purpúreos
verde se insinua e invejosa,
— inimiga do dia,
a cada passo secretamente
ceifando pendentes redes,
de rosas, até caírem
pálidas, noite abaixo:

assim caí eu mesmo uma vez
de minha loucura da verdade,
de meus anseios diurnos,

*des Tages müde, krank vom Lichte,*
*— sank abwärts, abendwärts, schattenwärts,*
*von Einer Wahrheit*
*verbrannt und durstig*
*— gedenkst du noch, gedenkst du, heisses Herz,*
*wie da du durstetest? —*
dass ich verbannt sei
von aller Wahrheit!
Nur *Narr!* Nur *Dichter!*...

cansado do dia, doente da luz
— caí para baixo, para a noite, para a sombra,
queimado e sedento
de uma verdade
— lembras-te ainda, lembras-te, ardente coração,
como tinhas sede então? —
*que eu esteja banido*
*de toda verdade!*
*Somente* louco! *Somente* poeta!...

# DIE WÜSTE WÄCHST: WEH DEM, DER WÜSTEN BIRGT...

*Ha!*
*Feierlich!*
*ein würdiger Anfang!*
*afrikanisch feierlich!*
*eines Löwen würdig*
*oder eines moralischen Brüllaffen...*
*— aber Nichts für euch,*
*ihr allerliebsten Freundinnen,*
*zu deren Füssen mir,*
*einem Europäer unter Palmen,*
*zu sitzen vergönnt ist. Sela.*

*Wunderbar wahrlich!*
*Da sitze ich nun,*
*der Wüste nahe und bereits*
*so ferne wieder der Wüste,*
*auch in Nichts noch verwüstet:*
*nämlich hinabgeschluckt*
*von dieser kleinsten Oasis*
*— sie sperrte gerade gähnend*
*ihr liebliches Maul auf,*
*das wohlriechendste aller Mäulchen:*
*da fiel ich hinein,*
*hinab, hindurch — unter euch,*
*ihr allerliebsten Freundinnen! Sela.*

*Heil, Heil jenem Walfische,*
*wenn er also es seinem Gaste*
*wohlsein liess! — ihr versteht*
*meine gelehrte Anspielung?...*

# O DESERTO CRESCE: AI DAQUELE QUE ABRIGA DESERTOS...

Ah!
Solene!
um começo digno!
africanamente solene!
digno de um leão
ou de um rugidor macaco moralista...
— mas nada para vós,
amigas graciosíssimas,
a cujos pés, a mim,
um europeu sob as palmeiras,
me é dado sentar. *Selá.*[77]

Realmente maravilhoso!
Eis-me aqui sentado,
próximo ao deserto e já
novamente longe do deserto,
e em nada ainda devastado:
pois engolido
por este pequeno oásis
— que agora mesmo abriu, bocejante,
sua boca encantadora,
a mais cheirosa de todas as bocas:
e então caí nela,
dentro, através — entre vós,
amigas graciosíssimas! *Selá.*

Salve, salve aquela baleia,
se ela tratou bem
seu hóspede! — entendeis
minha erudita alusão?...

*Heil seinem Bauche,
wenn es also
ein so lieblicher Oasis-Bauch war,
gleich diesem: was ich aber in Zweifel ziehe.
Dafür komme ich aus Europa,
das zweifelsüchtiger ist als alle Eheweibchen.
Möge Gott es bessern!
Amen!*

*Da sitze ich nun,
in dieser kleinsten Oasis,
einer Dattel gleich,
braun, durchsüsst, goldschwürig,
lüstern nach einem runden Mädchen-Maule,
mehr aber noch nach mädchenhaften
eiskalten schneeweissen schneidigen
Beisszähnen: nach denen nämlich
lechzt das Herz allen heissen Datteln. Sela.*

*Den genannten Südfrüchten
ähnlich, allzuähnlich
liege ich hier, von kleinen
Flügelkäfern
umtänzelt und umspielt,
insgleichen von noch kleineren
thörichteren boshafteren
Wünschen und Einfällen, —
umlagert von euch,
ihr stummen, ihr ahnungsvollen
Mädchen-Katzen
Dudu und Suleika
— umsphinxt, dass ich in Ein Wort
viel Gefühle stopfe
(— vergebe mir Gott
diese Sprachsünde!...)
— sitze hier, die beste Luft schnüffelnd,*

Salve o seu ventre,
se ele foi
um ventre-oásis tão agradável
como este: algo que ponho em dúvida.
Pois venho da Europa,
que é mais cética do que todas as mulheres casadas.
Que Deus melhore isso!
Amém.

Eis-me aqui sentado
neste pequenino oásis,
como uma tâmara,
castanha, inteiramente doce, gotejante de ouro,
ávida da boca redonda de uma garota,
mais ainda, porém, de virginais
gélidos, brancos como neve, cortantes
dentes que mordem: pois deles está sedento
o coração de todas as tâmaras quentes. *Selá*.

Semelhante, por demais semelhante
aos ditos frutos do Sul
aqui me acho deitado, cercado
pela dança e pelo jogo
de pequenos besouros alados,
assim como de ainda menores
mais bobos e maldosos
desejos e pensamentos —
sitiado por vós,
mudas, apreensivas
gatas-meninas
Dudu e Zuleika
— *circum-esfingeado*, para pôr
numa palavra muitos sentimentos
(— que Deus me perdoe
esse pecado de linguagem!...)
— aqui estou sentado, farejando o melhor ar,

*Paradieses-Luft wahrlich,
lichte leichte Luft, goldgestreifte,
so gute Luft nur je
vom Monde herabfiel,
sei es aus Zufall
oder geschah es aus Übermuthe?
wie die alten Dichter erzählen.
Ich Zweifler aber ziehe es in Zweifel,
dafür komme ich
aus Europa,
das zweifelsüchtiger ist als alle Eheweibchen.
Möge Gott es bessern!
Amen.*

*Diese schönste Luft athmend,
mit Nüstern geschwellt gleich Bechern,
ohne Zukunft, ohne Erinnerungen,
so sitze ich hier, ihr
allerliebsten Freundinnen,
und sehe der Palme zu,
wie sie, einer Tänzerin gleich,
sich biegt und schmiegt und in der Hüfte wiegt
— man thut es mit, sieht man lange zu...
einer Tänzerin gleich, die, wie mir scheinen will,
zu lange schon, gefährlich lange
immer, immer nur auf Einem Beinchen stand?
— da vergass sie darob, wie mir scheinen will,
das andre Beinchen?
Vergebens wenigstens
suchte ich das vermisste
Zwillings-Kleinod
— nämlich das andre Beinchen —
in der heiligen Nähe
ihres allerliebsten, allerzierlichsten
Fächer- und Flatter- und Flitter-Röckchens.
Ja, wenn ihr mir, ihr schönen Freundinnen,*

verdadeiramente ar de paraíso,
ar leve e claro, listrado de ouro,
ar bom como jamais
caiu da Lua,
terá sido por acaso
ou por petulância?
como contam os velhos poetas.
Mas eu, questionador, ponho isso em questão,
pois venho
da Europa,
que é mais cética do que todas as mulheres casadas.
Que Deus melhore isso!
Amém.

Respirando este belíssimo ar,
com narinas dilatadas como taças,
sem futuro, sem lembranças,
eis-me aqui sentado,
graciosíssimas amigas,
e olho a palmeira,
como, igual a uma dançarina,
ela se curva, se dobra e nos quadris se retorce
— fazemos o mesmo, se olhamos muito tempo...
tal como uma dançarina que, quer-me parecer,
já por tempo demais, perigosamente
sempre se manteve apenas *numa só* perna?
— esquecendo então, quer-me parecer,
a *outra* perna?
Pelo menos em vão
busquei a ausente
joia gêmea
— isto é, a outra perna —
na sagrada vizinhança
de sua graciosíssima, formosíssima
saia em leque, esvoaçante e brilhante.
Sim, se quereis, belas amigas,

*ganz glauben wollt,
sie hat es verloren...
Hu! Hu! Hu! Hu! Hu!...
Es ist dahin,
auf ewig dahin,
das andre Beinchen!
Oh schade um dies liebliche andre Beinchen!
Wo — mag es wohl weilen und verlassen trauern,
dieses einsame Beinchen?
In Furcht vielleicht vor einem
grimmen gelben blondgelockten
Löwen-Unthiere? oder gar schon
abgenagt, abgeknabbert —
erbärmlich wehe! wehe! abgeknabbert! Sela.*

*Oh weint mir nicht,
weiche Herzen!
Weint mir nicht, ihr
Dattel-Herzen! Milch-Busen!
Ihr Süssholz-Herz-
Beutelchen!
Sei ein Mann, Suleika! Muth! Muth!*

*Weine nicht mehr,
bleiche Dudu!
— Oder sollte vielleicht
etwas Stärkendes, Herz-Stärkendes
hier am Platze sein?
ein gesalbter Spruch?
ein feierlicher Zuspruch?...*

*Ha!
Herauf, Würde!
Blase, blase wieder,
Blasebalg der Tugend!
Ha!*

acreditar inteiramente em mim:
ela a *perdeu*...
Hu! Hu! Hu! Hu! Huh!
Foi-se,
foi-se para sempre
a outra perninha!
Que pena por essa outra perninha adorável!
Onde — estará ela, chorosa e abandonada,
essa perninha solitária?
Talvez com medo de um
furioso, amarelo monstro-leão
de juba dourada? ou talvez já
esburgada, roída —
lamentável! ai! ai! roída! *Selá*.

Oh, não choreis,
corações meigos!
Não choreis, ó
corações de tâmaras! peitos de leite!
Ó saquinhos de
coração de alcaçuz!
Sê um homem, Zuleika! Coragem! Coragem!

Não chores mais,
pálida Dudu!
— Ou seria este o lugar
de algo mais forte,
que fortifique o coração?
uma sentença consagrada?
uma solene exortação?...

Ah!
Arriba, dignidade!
Sopra, sopra de novo,
fole da virtude!
Ah!

*Noch Ein Mal brüllen,
moralisch brüllen,
als moralischer Löwe vor den Töchtern der Wüste brüllen!
— Denn Tugend-Geheul,
ihr allerliebsten Mädchen,
ist mehr als Alles
Europäer-Inbrunst, Europäer-Heisshunger!
Und da stehe ich schon,
als Europäer,
ich kann nicht anders, Gott helfe mir!
Amen!*

*Die Wüste wächst: weh dem, der Wüsten birgt!
Stein knirscht an Stein, die Wüste schlingt und würgt.
Der ungeheure Tod blickt glühend braun
und kaut, — sein Leben ist sein Kaun...*

Vergiss nicht, Mensch, den Wollust ausgeloht:
du — bist der Stein, die Wüste, bist der Tod...

Rugir mais uma vez,
rugir moralmente,
rugir como leão moral ante as filhas do deserto!
— Pois o bramido da virtude,
ó graciosíssimas garotas,
é mais do que tudo
ardor de europeu, voracidade de europeu!
E aqui estou eu,
como europeu
não posso agir de outra maneira, valha-me Deus![78]
Amém!

O deserto cresce: ai daquele que abriga desertos!
Pedra range na pedra, o deserto engole e estrangula.
A imensa morte observa, parda e incandescente,
e *mastiga* — seu mastigar é sua vida...

*Não esqueças, ó homem totalmente curtido pela volúpia:*
*tu és — a pedra, o deserto, és a morte...*

# LETZTER WILLE

*So sterben,*
*wie ich ihn einst sterben sah —,*
*den Freund, der Blitze und Blicke*
*göttlich in meine dunkle Jugend warf.*
*Muthwillig und tief,*
*in der Schlacht ein Tänzer —,*

*unter Kriegern der Heiterste,*
*unter Siegern der Schwerste,*
*auf seinem Schicksal ein Schicksal stehend,*
*hart, nachdenklich, vordenklich —:*

*erzitternd darob,* dass *er siegte,*
*jauchzend darüber, dass er* sterbend *siegte* —:

*befehlend, indem er starb*
*— und er befahl, dass man* vernichte...

*So sterben,*
*wie ich ihn einst sterben sah*:
*siegend,* vernichtend...

# ÚLTIMA VONTADE

Morrer assim
como o vi morrer um dia —,
o amigo que divinamente lançou
coriscos e olhares à minha sombria juventude:
— petulante e profundo,
na batalha um dançarino —,

entre guerreiros o mais jovial,
entre vencedores o mais difícil,
um destino se erguendo sobre seu destino,
firme, reflexivo, "preflexivo" —:

tremendo por ter vencido,
exultando porque venceu *morrendo* —:

mandando enquanto morria,
— e mandou que *destruíssem*...

Morrer assim
como o vi morrer um dia:
vencendo, *destruindo*...

# ZWISCHEN RAUBVÖGELN

*Wer hier hinabwill,
wie schnell
schluckt den die Tiefe!
— Aber du, Zarathustra,
liebst den Abgrund noch,
thust der Tanne es gleich? —*

*Die schlägt Wurzeln, wo
der Fels selbst schaudernd
zur Tiefe blickt —,
die zögert an Abgründen,
wo Alles rings
hinunter will:
zwischen der Ungeduld
wilden Gerölls, stürzenden Bachs
geduldig duldend, hart, schweigsam,
einsam...*

Einsam!
*Wer wagte es auch,
hier Gast zu sein,
dir Gast zu sein?...
Ein Raubvogel vielleicht:
der hängt sich wohl
dem standhaften Dulder
schadenfroh in's Haar,
mit irrem Gelächter,
einem Raubvogel-Gelächter...*

# ENTRE AVES DE RAPINA

Quem aqui quer descer,
como rapidamente
a profundeza o traga!
— Mas tu, Zaratustra,
amas ainda o abismo,
fazes como o *abeto*? —

Ele finca raízes
onde o próprio penhasco
treme ao olhar a profundeza —,
ele hesita à beira de abismos
onde tudo em volta
quer precipitar-se:
em meio à impaciência
do cascalho selvagem, do regato a despencar
pacientemente tolerante, duro, calado,
solitário...

*Solitário!*
Mas quem ousaria
ser hóspede aqui,
ser *teu* hóspede?...
Uma ave de rapina talvez,
que se apega aos cabelos
do firme sofredor
em maldosa alegria,
com louca risada,
risada de ave de rapina...

*Wozu so standhaft?*
*— höhnt er grausam:*
*man muss Flügel haben, wenn man den Abgrund liebt...*
*man muss nicht hängen bleiben,*
*wie du, Gehängter! —*

*Oh Zarathustra,*
*grausamster Nimrod!*
*Jüngst Jäger noch Gottes,*
*das Fangnetz aller Tugend,*
*der Pfeil des Bösen!*
*Jetzt —*
*von dir selber erjagt,*
*deine eigene Beute,*
*in dich selber eingebohrt...*

*Jetzt —*
*einsam mit dir,*
*zwiesam im eignen Wissen,*
*zwischen hundert Spiegeln*
*vor dir selber falsch,*
*zwischen hundert Erinnerungen*
*ungewiss,*
*an jeder Wunde müd,*
*an jedem Froste kalt,*
*in eignen Stricken gewürgt,*
Selbstkenner!
Selbsthenker!

*Was bandest du dich*
*mit dem Strick deiner Weisheit?*
*Was locktest du dich*
*ins Paradies der alten Schlange?*
*Was schlichst du dich ein*
*in dich — in dich?...*

*Por que* tão firme?
— ela zomba cruel:
é preciso ter asas quando se ama o abismo...
é preciso não pendurar-se
como tu, pendurado! —

Ó Zaratustra,
cruel Nimrod!⁷⁹
Ainda há pouco caçador de Deus,
rede para fisgar toda virtude,
flecha do mal! —
Agora —
por ti mesmo caçado,
presa de ti mesmo,
em ti mesmo penetrado...

Agora —
solitário contigo,
"a dois" no próprio saber,
entre cem espelhos,
falso ante ti mesmo,
entre cem recordações
incerto,
cansado de toda ferida,
frio de todo gelo,
estrangulado em teu próprio laço,
*Conhecedor de si!*
*Carrasco de si!*

Por que te amarraste
com o laço de tua sabedoria?
Por que atraíste a ti mesmo
ao paraíso da velha serpente?
Por que te insinuaste, rastejaste
para dentro de *ti* — de *ti*?...

*Ein Kranker nun,
der an Schlangengift krank ist;
ein Gefangner nun,
der das härteste Loos zog:
im eignen Schachte
gebückt arbeitend,
in dich selber eingehöhlt,
dich selber angrabend,
unbehülflich,
steif,
ein Leichnam —,
von hundert Lasten überthürmt,
von dir überlastet,
ein Wissender!
ein Selbsterkenner!
der weise Zarathustra!...*

*Du suchtest die schwerste Last:
da fandest du dich —,
du wirfst dich nicht ab von dir...*

*Lauernd,
kauernd,
Einer, der schon nicht mehr aufrecht steht!
Du verwächst mir noch mit deinem Grabe,
verwachsener Geist!...*

*Und jüngst noch so stolz,
auf allen Stelzen deines Stolzes!
Jüngst noch der Einsiedler ohne Gott,
der Zweisiedler mit dem Teufel,
der scharlachne Prinz jedes Übermuths!...*

*Jetzt —
zwischen zwei Nichtse
eingekrümmt,*

Agora um doente,
vítima do veneno da serpente;
agora um prisioneiro
que tirou a pior sorte:
trabalhando curvado
na própria mina,
em ti mesmo escavado,
a ti mesmo perfurando,
desajeitado,
teso,
um cadáver —,
assoberbado por cem fardos,
sobrecarregado de ti,
um *Sabedor*!
um *Conhecedor de si*!
o *sábio* Zaratustra!...

Buscaste o fardo mais pesado:
e encontraste a *ti* —,
não te despojas de ti...

Espreitando,
agachado,
alguém que não mais fica de pé!
Ainda terás a forma de tua tumba,
Espírito *deformado*!...

E há pouco ainda tão orgulhoso,
nas muletas do teu orgulho!
Ainda há pouco o eremita sem Deus,
convivendo com o Demônio,
o escarlate príncipe de toda altivez!...

Agora —
entre dois Nadas
encurvado,

*ein Fragezeichen,*
*ein müdes Räthsel —*
*ein Räthsel für* Raubvögel...
*sie werden dich schon "lösen",*
*sie hungern schon nach deiner "Lösung",*
*sie flattern schon um dich, ihr Räthsel,*
*um dich, Gehenkter!...*
*Oh Zarathustra!...*
Selbstkenner!...
Selbsthenker!...

um ponto de interrogação,
um mudo enigma —
um enigma para *aves de rapina*...
— elas já te "solverão",
já têm fome de tua "solução",
já esvoaçam em torno de ti, seu enigma,
em torno de ti, enforcado!
Ó Zaratustra!...
*Conhecedor de si!...*
*Carrasco de si!...*

# DAS FEUERZEICHEN

*Hier, wo zwischen Meeren die Insel wuchs,*
*ein Opferstein jäh hinaufgethürmt,*
*hier zündet sich unter schwarzem Himmel*
*Zarathustra seine Höhenfeuer an,*
*Feuerzeichen für verschlagne Schiffer,*
*Fragezeichen für Solche, die Antwort haben...*

*Diese Flamme mit weissgrauem Bauche*
*— in kalte Fernen züngelt ihre Gier,*
*nach immer reineren Höhn biegt sie den Hals —*
*eine Schlange gerad aufgerichtet vor Ungeduld:*
*dieses Zeichen stellte ich vor mich hin.*

*Meine Seele selber ist diese Flamme,*
*unersättlich nach neuen Fernen*
*lodert aufwärts, aufwärts ihre stille Gluth.*
*Was floh Zarathustra vor Thier und Menschen?*
*Was entlief er jäh allem festen Lande?*
*Sechs Einsamkeiten kennt er schon —,*
*aber das Meer selbst war nicht genug ihm einsam,*
*die Insel liess ihn steigen, auf dem Berg wurde er zur Flamme,*
*nach einer* siebenten *Einsamkeit*
*wirft er suchend jetzt die Angel über sein Haupt.*

*Verschlagne Schiffer! Trümmer alter Sterne!*
*Ihr Meere der Zukunft! Unausgeforschte Himmel!*
*nach allem Einsamen werfe ich jetzt die Angel:*
*gebt Antwort auf die Ungeduld der Flamme,*
*fangt mir, dem Fischer auf hohen Bergen,*
*meine siebente* letzte *Einsamkeit! — —*

# O SINAL DE FOGO

Aqui, onde entre mares cresceu a ilha,
pedra de sacrifício repentinamente erguida,
aqui acende Zaratustra, sob um céu negro,
seus fogos das alturas —
sinal de fogo para navegantes desnorteados,
ponto de interrogação para os que têm resposta...

Esta chama de ventre esbranquiçado
— a frias distâncias vão as labaredas de sua cobiça,
dobrando o pescoço para alturas sempre mais puras —
uma cobra que verticalmente se ergue, impaciente:
este sinal eu coloquei à minha frente.

Minha própria alma é esta chama:
insaciável de distâncias novas
seu quieto ardor lança ela para o alto.
Por que fugiu Zaratustra dos bichos e dos homens?
Por que furtou-se de repente a toda terra firme?
*Seis* solidões já conhece ele —,
mas o próprio mar não lhe era solitário o bastante,
a ilha deixou-o subir, no monte ele se tornou chama,
buscando agora uma *sétima* solidão
lança ele o anzol por sobre a cabeça.

Navegantes desnorteados! Destroços de velhos astros!
Vós, mares do futuro! Céus inexplorados!
a tudo o que é solitário lanço agora meu anzol:
dai resposta à impaciência da chama,
agarrai para mim, o pescador dos altos montes,
minha sétima, *derradeira* solidão! — —

# DIE SONNE SINKT

**1.**

*Nicht lange durstest du noch,*
*verbranntes Herz!*
*Verheissung ist in der Luft,*
*aus unbekannten Mündern bläst mich's an*
*— die grosse Kühle kommt...*

*Meine Sonne stand heiss über mir im Mittage:*
*seid mir gegrüsst, dass ihr kommt*
*ihr plötzlichen Winde*
*ihr kühlen Geister des Nachmittags!*

*Die Luft geht fremd und rein.*
*Schielt nicht mit schiefem*
*Verführerblick*
*die Nacht mich an?...*
*Bleib stark, mein tapfres Herz!*
*Frag nicht: warum? —*

**2.**

*Tag meines Lebens!*
*die Sonne sinkt.*
*Schon steht die glatte*
*Fluth vergüldet.*
*Warm athmet der Fels:*
*schlief wohl zu Mittag*
*das Glück auf ihm seinen Mittagsschlaf?*

# O SOL SE PÕE

**1.**

Não terás sede por muito tempo,
coração queimado!
Está no ar uma promessa,
de bocas desconhecidas me vem um sopro,
— a grande frescura está chegando...

Meu sol pairou quente sobre mim no meio-dia:
eu saúdo vossa chegada,
ventos súbitos,
frescos espíritos da tarde!

O ar corre alheio e puro.
Não me olha de soslaio
e sedutoramente
a noite?...
Mantém-te forte, meu bravo coração!
Não perguntes: por quê?

**2.**

Dia de minha vida!
o sol se põe.
A lisa maré
já está dourada.
O rochedo respira quente:
acaso a felicidade ao meio-dia
dormiu sobre ele a sua sesta? —

*In grünen Lichtern*
*spielt Glück noch der braune Abgrund herauf.*

*Tag meines Lebens!*
*gen Abend gehts!*
*Schon glüht dein Auge*
*halbgebrochen,*
*schon quillt deines Thaus*
*Thränengeträufel,*
*schon läuft still über weisse Meere*
*deiner Liebe Purpur,*
*deine letzte zögernde Seligkeit...*

### 3.

*Heiterkeit, güldene, komm!*
*du des Todes*
*heimlichster süssester Vorgenuss!*
*— Lief ich zu rasch meines Wegs?*
*Jetzt erst, wo der Fuss müde ward,*
*holt dein Blick mich noch ein,*
*holt dein* Glück *mich noch ein.*

*Rings nur Welle und Spiel.*
*Was je schwer war,*
*sank in blaue Vergessenheit,*
*müssig steht nun mein Kahn.*
*Sturm und Fahrt — wie verlernt er das!*
*Wunsch und Hoffen ertrank,*
*glatt liegt Seele und Meer.*

*Siebente Einsamkeit!*
*Nie empfand ich*
*näher mir süsse Sicherheit,*
*wärmer der Sonne Blick.*

Em luzes verdes
o pardo abismo lança brincando felicidade para cima.[80]

Dia de minha vida!
a noite se aproxima!
Já teu olhar brilha
meio apagado,
já desce de teu orvalho
o gotejar das lágrimas,
já corre quieta sobre mares brancos
a púrpura de teu amor,
tua última hesitante ventura...


3.

Jovialidade dourada, vem!
tu, o mais secreto,
mais doce antegozo da morte!
— Percorri eu rápido demais meu caminho?
Apenas agora, com os pés já cansados,
teu olhar me alcança ainda,
tua *felicidade* me alcança ainda.

Em volta apenas ondas e jogo.
O que um dia foi pesado
afundou em azul esquecimento —
ocioso está agora meu barco,
tormenta e viagem — como esquece ele isso?
Desejo e esperança afogaram-se,
lisos estão alma e mar.

*Sétima* solidão!
Nunca senti
mais perto de mim a doce segurança,
mais quente o olhar do sol.

*— Glüht nicht das Eis meiner Gipfel noch?*
*Silbern, leicht, ein Fisch*
*schwimmt nun mein Nachen hinaus...*

— Não arde ainda o gelo de meus cumes?
Prateada, leve, um peixe,
nada agora para fora a minha canoa...

# KLAGE DER ARIADNE

*Wer wärmt mich, wer liebt mich noch?*
*Gebt heisse Hände!*
*gebt Herzens-Kohlenbecken!*
*Hingestreckt, schaudernd,*
*Halbtodtem gleich, dem man die Füsse wärmt,*
*geschüttelt ach! von unbekannten Fiebern,*
*zitternd vor spitzen eisigen Frostpfeilen,*
*von dir gejagt, Gedanke!*
*Unnennbarer! Verhüllter! Entsetzlicher!*
*Du Jäger hinter Wolken!*
*Darnieder geblitzt von dir,*
*du höhnisch Auge, das mich aus Dunklem anblickt!*
*So liege ich,*
*biege mich, winde mich, gequält*
*von allen ewigen Martern,*
*getroffen*
*von dir, grausamster Jäger,*
*du unbekannter — Gott...*

*Triff tiefer!*
*Triff Ein Mal noch!*
*Zerstich, zerbrich dies Herz!*
*Was soll dies Martern*
*mit zähnestumpfen Pfeilen?*
*Was blickst du wieder*
*der Menschen-Qual nicht müde,*
*mit schadenfrohen Götter-Blitz-Augen?*
*Nicht tödten willst du,*
*nur martern, martern?*
*Wozu — mich martern,*
*du schadenfroher unbekannter Gott?*

# O LAMENTO DE ARIADNE

Quem me aquece, quem me ama ainda?
Dai-me mãos quentes!
dai-me braseiros para o coração!
Estendida, arrepiada,
como um semimorto a quem se aquecem os pés,
sacudida, ai!, por febres desconhecidas,
tremendo ante setas agudas e gélidas,
perseguida por ti, pensamento!
Inominável! Oculto, Terrível!
Tu, caçador por trás das nuvens!
Derrubada por teus relâmpagos,
tu, olhar escarninho que me olhas da escuridão!
Assim me acho deitada,
torço-me, retorço-me, atormentada
por todos os martírios eternos,
golpeada
por ti, caçador crudelíssimo,
tu — *deus* desconhecido...

Golpeia mais fundo!
Golpeia mais uma vez!
Traspassa, traspassa este coração!
Por que este martírio
com setas de pontas rombudas?
Por que olhas novamente,
ainda não cansado do tormento humano,
com maliciosos, divinos olhos relampejantes?
Não queres matar,
apenas martirizar, martirizar?
Para que martirizar — *a mim*,
ó malicioso, desconhecido deus?

*

*Haha!*
*Du schleichst heran*
*bei solcher Mitternacht?...*
*Was willst du?*
*Sprich!*
*Du drängst mich, drückst mich,*
*Ha! schon viel zu nahe!*
*Du hörst mich athmen,*
*du behorchst mein Herz,*
*du Eifersüchtiger!*
*— worauf doch eifersüchtig?*
*Weg! Weg!*
*wozu die Leiter?*
*willst du hinein,*
*ins Herz, einsteigen,*
*in meine heimlichsten*
*Gedanken einsteigen?*
*Schamloser! Unbekannter! Dieb!*
*Was willst du dir erstehlen?*
*Was willst du dir erhorchen?*
*was willst du dir erfoltern,*
*du Folterer!*
*du — Henker-Gott!*
*Oder soll ich, dem Hunde gleich,*
*vor dir mich wälzen?*
*Hingebend, begeistert ausser mir*
*dir Liebe — zuwedeln?*

*Umsonst!*
*Stich weiter!*
*Grausamster Stachel!*
*Kein Hund — dein Wild nur bin ich,*
*grausamster Jäger!*
*deine stolzeste Gefangne,*
*du Räuber hinter Wolken...*

*

Ah!
aproxima-te furtivamente
nessa meia-noite?...
Que queres?
Fala!
Tu me pressionas, me oprimes,
ah! já perto demais!
Ouves-me respirar,
espreitas meu coração,
ó ciumento!
— mas ciumento de quê?
Fora! Fora!
para que a escada?
*queres* entrar *nele*,
no coração, penetrar,
penetrar em meus mais
secretos pensamentos?
Desavergonhado! Desconhecido! Ladrão!
Que queres roubar?
Que queres espreitar?
que queres obter com torturas,
torturador!
deus-carrasco!
Ou devo eu, como um cão,
espojar-me diante de ti?
Devotada, fora de mim de entusiasmo
acenar-te amor — com a cauda?

Em vão!
Fura mais!
Espinho crudelíssimo!
Não um cão — apenas tua caça sou eu,
caçador crudelíssimo!
tua mais orgulhosa prisioneira,
ladrão por trás das nuvens...

*Sprich endlich!*
*Du Blitz-Verhüllter! Unbekannter! sprich!*
*Was willst du, Wegelagerer, von — mir?...*

*Wie?*
*Lösegeld?*
*Was willst du Lösegelds?*
*Verlange Viel — das räth mein Stolz!*
*und rede kurz — das räth mein andrer Stolz!*
*Haha!*
*Mich — willst du? mich?*
*mich — ganz?...*

*Haha!*
*Und marterst mich, Narr, der du bist,*
*zermarterst meinen Stolz?*
*Gieb Liebe mir — wer wärmt mich noch?*
*wer liebt mich noch?*
*gieb heisse Hände,*
*gieb Herzens-Kohlenbecken,*
*gieb mir, der Einsamsten,*
*die Eis, ach! siebenfaches Eis*
*nach Feinden selber,*
*nach Feinden schmachten lehrt,*
*gieb, ja ergieb*
*grausamster Feind,*
*mir — dich!...*
*Davon!*
*Da floh er selber,*
*mein einziger Genoss,*
*mein grosser Feind,*
*mein Unbekannter,*
*mein Henker-Gott!...*

*Nein!*
*komm zurück!*

Fala, enfim!
Oculto no relâmpago! Desconhecido! fala!
Que queres tu, salteador, de — *mim*?

Como?
Resgate?
Quanto queres de resgate?
Exige muito — assim quer meu orgulho!
e fala pouco — assim quer meu outro orgulho!
Ah!
*A mim* — queres? a mim?
a mim — toda?...

Ah!
E me martirizas, tolo que és,
martirizas meu orgulho?
Dá-me *amor* — quem me aquece ainda?
quem me ama ainda?
dá-me mãos quentes,
dá-me braseiros para o coração,
dá a mim, à mais solitária,
a quem o gelo, ai!, sétuplo gelo
ensina a ansiar por inimigos,
até por inimigos,
dá, sim, rende,
crudelíssimo inimigo,
rende-*te* — a mim!...
Foi-se!
Fugiu até ele,
meu único companheiro,
meu grande inimigo,
meu desconhecido,
meu deus-carrasco!...

Não!
volta!

Mit *allen deinen Martern!*
*All meine Thränen laufen*
*zu dir den Lauf*
*und meine letzte Herzensflamme*
*dir glüht sie auf.*
*Oh komm zurück,*
*mein unbekannter Gott! mein* Schmerz!
*mein letztes Glück!...*

*Ein Blitz. Dionysos wird in smaragdener Schönheit sichtbar.*

*Dionysos*:

*Sei klug, Ariadne!...*
*Du hast kleine Ohren, du hast meine Ohren:*
*steck ein kluges Wort hinein! —*
*Muss man sich nicht erst hassen, wenn man sich lieben soll?...*
Ich bin dein Labyrinth...

*Com* todos os teus martírios!
Todas as minhas lágrimas
correm para ti
e a última chama do meu coração
arde para ti.
Oh, volta,
meu deus desconhecido! Minha *dor*!
minha derradeira felicidade!...

Um relâmpago. Dionísio torna-se visível em beleza esmeralda.

*Dionísio:*

Sê prudente, Ariadne!...
tens orelhas pequenas, tens minhas orelhas:
enfia nelas uma palavra prudente! —
Não é preciso antes se odiar, para se amar?...
*Eu sou teu labirinto...*

# RUHM UND EWIGKEIT

**1.**

*Wie lange sitzest du schon*
*auf deinem Missgeschick?*
*Gieb Acht! du brütest mir noch*
*ein Ei,*
*ein Basilisken-Ei*
*aus deinem langen Jammer aus.*

*Was schleicht Zarathustra entlang dem Berge? —*

*Misstrauisch, geschwürig, düster,*
*ein langer Laurer —,*
*aber plötzlich, ein Blitz,*
*hell, furchtbar, ein Schlag*
*gen Himmel aus dem Abgrund:*
*— dem Berge selber schüttelt sich*
*das Eingeweide...*

*Wo Hass und Blitzstrahl*
*Eins ward, ein* Fluch —,
*auf den Bergen haust jetzt Zarathustra's Zorn,*
*eine Wetterwolke schleicht er seines Wegs.*

*Verkrieche sich, wer eine letzte Decke hat!*
*Ins Bett mit euch, ihr Zärtlinge!*
*Nun rollen Donner über die Gewölbe,*
*nun zittert, was Gebälk und Mauer ist,*
*nun zucken Blitze und schwefelgelbe Wahrheiten —*
*Zarathustra flucht...*

# FAMA E ETERNIDADE

**1.**

Há quanto tempo já está sentado
sobre o teu infortúnio?
Cuidado! Ainda chocarás
um ovo,
um ovo de basilisco
de tua demorada miséria.

Por que Zaratustra vai furtivamente ao longo do monte?

Desconfiado, ulcerado, sombrio,
há muito espreitando —,
mas subitamente um relâmpago,
claro, terrível, um golpe
do abismo em direção ao céu:
— até ao monte lhe estremecem
as entranhas...

Onde ódio e raio
tornaram-se um, uma *maldição* —,
nos montes habita agora a ira de Zaratustra,
uma nuvem de tormenta ele segue furtivo seu caminho.

Quem tem uma última coberta, esconda-se!
Para a cama, mimosos!
Agora estrondeiam trovões sobre as abóbadas,
agora tremem as traves e paredes,
agora cintilam relâmpagos e verdades cor de enxofre —
Zaratustra *amaldiçoa*...

**2.**

*Diese Münze, mit der*
*alle Welt bezahlt,*
Ruhm —,
*mit Handschuhen fasse ich diese Münze an,*
*mit Ekel trete ich sie unter mich.*

*Wer will bezahlt sein?*
*Die Käuflichen...*
*Wer feil steht, greift*
*mit fetten Händen*
*nach diesem Allerwelts-Blechklingklang Ruhm!*

*— Willst du sie kaufen?*
*sie sind Alle käuflich.*
*Aber biete Viel!*
*klingle mit vollem Beutel!*
*— du stärkst sie sonst,*
*du stärkst sonst ihre Tugend...*

*Sie sind Alle tugendhaft.*
*Ruhm und Tugend — das reimt sich.*
*So lange die Welt lebt,*
*zahlt sie Tugend-Geplapper*
*mit Ruhm-Geklapper —,*
*die Welt lebt von diesem Lärm...*

*Vor allen Tugendhaften*
*will ich schuldig sein,*
*schuldig heissen mit jeder grossen Schuld!*
*Vor allen Ruhms-Schalltrichtern*
*wird mein Ehrgeiz zum Wurm —,*
*unter Solchen gelüstet's mich,*
*der Niedrigste zu sein...*

## 2.

Esta moeda, com a qual
todo o mundo paga,
*fama* —
com luvas pego esta moeda,
com nojo a calco sob o pé.

*Quem* quer ser pago?
Os venais...
Quem está *à venda*
agarra com mãos gordas
esse tilintar de cobre universal, a fama!

— *Queres tu* comprá-la?
São todos venais.
Mas oferece muito!
faz tilintar a bolsa cheia!
— senão os *fortaleces*,
senão fortaleces sua *virtude*...

São todos virtuosos.
Fama e virtude — isso combina.
Desde que existe mundo,
ele paga a tagarelice da virtude
com a tagarelice da fama —,
o mundo *vive* desse barulho...

Ante todos os virtuosos
quero ser devedor,
ser culpado de toda grande ofensa!
Ante todos os megafones da fama
minha ambição se faz verme —,
entre eles apetece-me
ser o *ínfimo*...

*Diese Münze, mit der
alle Welt bezahlt,
Ruhm —,
mit Handschuhen fasse ich diese Münze an,
mit Ekel trete ich sie unter mich.*


### 3.

*Still! —
Von grossen Dingen — ich sehe Grosses! —
soll man schweigen
oder gross reden:
rede gross, meine entzückte Weisheit!*

*Ich sehe hinauf —
dort rollen Lichtmeere:
— oh Nacht, oh Schweigen, oh todtenstiller Lärm!...
Ich sehe ein Zeichen —,
aus fernsten Fernen
sinkt langsam funkelnd ein Sternbild gegen mich...*


### 4.

*Höchstes Gestirn des Seins!
Ewiger Bildwerke Tafel!
Du kommst zu mir? —
Was Keiner erschaut hat,
deine stumme Schönheit, —
wie? sie flieht vor meinen Blicken nicht?*

*Schild der Nothwendigkeit!
Ewiger Bildwerke Tafel!
— aber du weisst es ja:
was Alle hassen,*

Esta moeda, com a qual
todo o mundo paga,
*fama* —
com luvas pego esta moeda,
com nojo a calco sob o pé.


3.

Silêncio!
Sobre as coisas grandes — eu *vejo* coisas grandes! —
deve-se calar
ou falar com grandeza:
fala com grandeza, minha arrebatada sabedoria!

Olho para cima —
lá estão rolando mares de luz:
ó noite, ó silêncio, ó ruído de mortal silêncio!...
Vejo um sinal —,
de longínquas distâncias
desce lenta cintilante uma constelação rumo a mim...


4.

Supremo astro do ser!
Tábua de eternas esculturas!
*Tu* vens a mim? —
O que ninguém enxergou,
tua muda beleza —
como? ela não foge de meus olhares? —

Emblema da necessidade!
Tábua de eternas esculturas!
— mas tu bem o sabes!
o que todos odeiam,

*was allein* ich *liebe,*
*dass du* ewig *bist!*
*dass du* nothwendig *bist!*
*Meine Liebe entzündet*
*sich ewig nur an der Nothwendigkeit.*

*Schild der Nothwendigkeit!*
*Höchstes Gestirn des Seins!*
*— das kein Wunsch erreicht,*
*das kein Nein befleckt,*
*ewiges Ja des Sein's,*
*ewig bin ich dein Ja*:
denn ich liebe dich, oh Ewigkeit! — —

o que somente *eu* amo,
que és *eterna*!
que és *necessária*!
Meu amor inflama-se eternamente
apenas com a necessidade.

Emblema da necessidade!
Supremo astro do ser!
— que nenhum desejo alcança,
— que nenhum Não macula,
eterno Sim do ser,
eternamente sou teu Sim:
*pois te amo, ó Eternidade!* — —

# VON DER ARMUT DES REICHSTEN

*Zehn Jahre dahin —,*
*kein Tropfen erreichte mich,*
*kein feuchter Wind, kein Thau der Liebe*
*— ein regenloses Land...*
*Nun bitte ich meine Weisheit,*
*nicht geizig zu werden in dieser Dürre:*
*ströme selber über, träufle selber Thau*
*sei selber Regen der vergilbten Wildniss!*

*Einst hiess ich die Wolken*
*fortgehn von meinen Bergen, —*
*einst sprach ich "mehr Licht, ihr Dunklen!"*
*Heut locke ich sie, dass sie kommen:*
*macht dunkel um mich mit euren Eutern!*
*— ich will euch melken,*
*ihr Kühe der Höhe!*
*Milchwarme Weisheit, süssen Thau der Liebe*
*ströme ich über das Land.*

*Fort, fort, ihr Wahrheiten,*
*die ihr düster blickt!*
*Nicht will ich auf meinen Bergen*
*herbe ungeduldige Wahrheiten sehn.*
*Vom Lächeln vergüldet*
*nahe mir heut die Wahrheit,*
*von der Sonne gesüsst, von der Liebe gebräunt, —*
*eine reife Wahrheit breche ich allein vom Baum.*
*Heut strecke ich die Hand aus*
*nach den Locken des Zufalls,*
*klug genug, den Zufall*

# DA POBREZA DO MAIS RICO

Dez anos se foram —,
nenhuma gota me alcançou,
nenhum vento úmido, nenhum orvalho de amor
— uma terra *sem chuva*...
Agora peço à minha sabedoria
que não se torne avara nesta aridez:
transborda tu mesma, goteja teu orvalho,
sê tu mesma chuva para o deserto amarelado!

Outrora mandei as nuvens
afastarem-se de meus montes —
outrora falei "mais luz, ó escuras!".
Hoje as atraio, para que venham:
fazei escuro ao meu redor com vossos úberes!
— quero ordenhar-vos,
ó vacas das alturas!
Sabedoria quente como leite, doce orvalho do amor
derramo eu sobre a terra.

Fora, fora, verdades
que olham sombriamente!
Não quero ver em meus montes
verdades acres e impacientes.
Dourada de riso
chegue hoje a mim a verdade,
pelo sol adoçada, bronzeada pelo amor —
uma verdade *madura* colho apenas da árvore.
Hoje estendo a mão
para as madeixas do acaso,
prudente o bastante para guiar, para iludir

*einem Kinde gleich zu führen, zu überlisten.*
*Heut will ich gastfreundlich sein*
*gegen Unwillkommnes,*
*gegen das Schicksal selbst will ich nicht stachlicht sein*
*— Zarathustra ist kein Igel.*

*Meine Seele,*
*unersättlich mit ihrer Zunge,*
*an alle guten und schlimmen Dinge hat sie schon geleckt,*
*in jede Tiefe tauchte sie hinab.*
*Aber immer gleich dem Korke,*
*immer schwimmt sie wieder obenauf,*
*sie gaukelt wie Öl über braune Meere:*
*dieser Seele halber heisst man mich den Glücklichen.*

*Wer sind mir Vater und Mutter?*
*Ist nicht mir Vater Prinz Überfluss*
*und Mutter das stille Lachen?*
*Erzeugte nicht dieser Beiden Ehebund*
*mich Räthselthier,*
*mich Lichtunhold,*
*mich Verschwender aller Weisheit Zarathustra?*

*Krank heute vor Zärtlichkeit,*
*ein Thauwind,*
*sitzt Zarathustra wartend, wartend auf seinen Bergen, —*
*im eignen Safte*
*süss geworden und gekocht,*
*unterhalb seines Gipfels,*
*unterhalb seines Eises,*
*müde und selig,*
*ein Schaffender an seinem siebenten Tag.*

*— Still!*
*Eine Wahrheit wandelt über mir*
*einer Wolke gleich, —*

o acaso como uma criança.
Hoje quero ser hospitaleiro
com o que não é bem-vindo,
com o próprio destino não quero ser espinhoso,
— Zaratustra não é um ouriço.

Minha alma,
com língua insaciável,
já lambeu em todas as coisas boas e ruins,
em toda profundidade já desceu.
Mas sempre, como a cortiça,
sempre nada de novo para cima,
volteja como óleo sobre os mares pardos:
por causa dessa alma chamam-me o Feliz.

Quem são pai e mãe para mim?
Não é meu pai o príncipe Abundância
e minha mãe o Riso silencioso?
O matrimônio desses dois não gerou
a mim, bicho enigmático
a mim, monstro de luz,
a mim, esbanjador de toda sabedoria, Zaratustra?

Hoje doente de ternura,
um vento de degelo,
Zaratustra espera sentado, espera em seus montes —
em seu próprio sumo
cozido e tornado doce,
*abaixo* de seu cume,
*abaixo* de seu gelo,
cansado e feliz,
um criador em seu sétimo dia.

— Silêncio!
Uma verdade passa sobre mim
como uma nuvem —

*mit unsichtbaren Blitzen trifft sie mich.*
*Auf breiten langsamen Treppen*
*steigt ihr Glück zu mir:*
*komm, komm, geliebte Wahrheit!*

*— Still!*
*Meine Wahrheit ists!*
*Aus zögernden Augen,*
*aus sammtenen Schaudern*
*trifft mich ihr Blick,*
*lieblich, bös, ein Mädchenblick...*
*Sie errieth meines Glückes Grund,*
*sie errieth mich — ha! was sinnt sie aus? —*
*Purpurn lauert ein Drache*
*im Abgrunde ihres Mädchenblicks.*

*— Still! Meine Wahrheit redet! —*

*Wehe dir, Zarathustra!*

*Du siehst aus, wie Einer,*
*der Gold verschluckt hat:*
*man wird dir noch den Bauch aufschlitzen!...*

*Zu reich bist du,*
*du Verderber Vieler!*
*Zu Viele machst du neidisch,*
*zu Viele machst du arm...*
*Mir selber wirft dein Licht Schatten —,*
*es fröstelt mich: geh weg, du Reicher,*
*geh, Zarathustra, weg aus deiner Sonne!...*

*Du möchtest schenken, wegschenken deinen Überfluss,*
*aber du selber bist der Überflüssigste!*
*Sei klug, du Reicher!*
*Verschenke dich selber erst, oh Zarathustra!*

com invisíveis relâmpagos me atinge.
Por largas lentas escadas
sobe até mim sua felicidade:
vem, vem, amada verdade!

— Silêncio!
É *minha* verdade! —
De olhos hesitantes,
de tremores aveludados
atinge-me seu olhar,
meigo, mau, um olhar de menina...
Ela adivinhou a *razão* de minha felicidade,
ela *me* adivinhou — ah!, que estará tramando? —
Purpúreo, um dragão espreita
no abismo do seu olhar de menina.

— Silêncio! Minha verdade *fala*! —

Ai de ti, Zaratustra!

Semelhas alguém
que engoliu ouro:
ainda te abrirão a barriga!...

És rico demais,
corruptor de muitos!
A demasiados tornas invejosos,
a demasiados tornas pobres...
A mim mesmo tua luz lança sombra —,
tremo de frio: vai embora, ó rico,
vai, Zaratustra, sai do teu sol!...

Queres dar, doar tua abundância,
mas tu mesmo és o mais supérfluo!
Sê prudente, ó rico!
*Dá primeiro a ti mesmo*, ó Zaratustra!

*

*Zehn Jahre dahin —,
und kein Tropfen erreichte dich?
Kein feuchter Wind? kein Thau der Liebe?
Aber wer sollte dich auch lieben,
du Überreicher?
Dein Glück macht rings trocken,
macht arm an Liebe
— ein regenloses Land...*

*Niemand dankt dir mehr,
du aber dankst Jedem,
der von dir nimmt:
daran erkenne ich dich,
du Überreicher,
du Ärmster aller Reichen!*

*Du opferst dich, dich quält dein Reichthum —,
du giebst dich ab,
du schonst dich nicht, du liebst dich nicht:
die grosse Qual zwingt dich allezeit,
die Qual übervoller Scheuern, übervollen Herzens —
aber Niemand dankt dir mehr...*

*Du musst ärmer werden,
weiser Unweiser!
willst du geliebt sein.
Man liebt nur die Leidenden,
man giebt Liebe nur dem Hungernden:
verschenke dich selber erst, oh Zarathustra!*

*— Ich bin deine Wahrheit...*

\*

Dez anos se foram —
e nenhuma gota te alcançou?
nenhum vento úmido? nenhum orvalho de amor?
Mas quem te *havia* de amar,
ó rico demais?
Tua felicidade espalha secura ao redor,
faz pobre de amor
uma terra *sem chuva*...

Ninguém mais te agradece.
Mas tu agradeces a quem
recebe de ti:
nisso te reconheço,
ó rico demais,
ó *mais pobre* de todos os ricos!

Tu te sacrificas, *tormenta-te* a tua riqueza —,
tu te entregas,
não te poupas, não te amas:
a grande tortura sempre te coage,
a tortura dos celeiros *cheios demais*, do coração *cheio demais* —
mas ninguém mais te agradece...

Tens de fazer-te *mais pobre*,
sábio não sábio!
se quiseres ser amado.
Só se ama ao sofredor,
dá-se amor apenas ao faminto:
*dá primeiro a ti mesmo*, ó Zaratustra!

— Eu sou tua verdade...

# NOTAS

As edições alemãs utilizadas foram as de Karl Schlechta (*Werke*, Frankfurt, Ullstein, 1979, vol. III), G. Colli e M. Montinari (*Kritische Studienausgabe*, 2. ed., Munique/Berlim, DTV/de Gruyter, 1988, vol. 6) e Erich Podach (*Nietzsches Werke des Zusammenbruchs*, Heidelberg, Wolfgang Rothe, 1961). As versões estrangeiras consultadas foram: (a) de *O Anticristo*: uma espanhola, de Andrés Sánchez Pascual (11. ed., Madri, Alianza, 1985); uma italiana, de Ferruccio Masini (com *O caso Wagner* e outros textos, Milão, Oscar Mondadori, 1981); uma francesa, de Dominique Castel (s. l., UGE, 1971, col. 10/18); duas inglesas, uma de H. L. Mencken (Tucson, See Sharp, 1999), a outra de Walter Kaufmann (em *The portable Nietzsche*, Nova York, Viking/Penguin, 1979); e uma holandesa, de Pé Hawinkels (Amsterdã, De Arbeiderspers, 1973); (b) de *Ditirambos de Dionísio*: uma portuguesa, de Paulo Quintela (em F. Nietzsche, *Poemas*, ed. bilíngue, Coimbra, Centelha, 1986); uma italiana, de Giorgio Colli (com *Ecce homo* e outros textos, Milão, Oscar Mondadori, 1977); duas inglesas, uma de R. J. Hollingdale (ed. bilíngue, Redding Ridge, CT, Black Swan, 1984), e outra sem indicação de tradutor, em The Nietzsche Channel, na internet (www. geocities.com/thenietzschechannel/dd.htm).

A maioria dessas versões traz o subtítulo "Ensaio de uma crítica do cristianismo" para *O Anticristo*, o que requer uma explicação. Em setembro de 1888, Nietzsche pensava em publicar uma obra grande intitulada *Tresvaloração de todos os valores*, da qual *O Anticristo* seria o primeiro volume. Mas logo mudou de ideia: *O Anticristo* seria toda a *Tresvaloração*. Por isso, segundo Colli e Montinari, há duas folhas de rosto no manuscrito final do livro. Na primeira se lê: "O Anticristo./ Ensaio de uma crítica do cristianismo./ Primeiro livro/ da tresvaloração de todos os valores"; e na segunda, posterior: "O Anticristo. [Tresvaloração de todos os valores]/ Maldição ao cristianismo" — onde os termos entre colchetes foram riscados pelo autor. Logo, esses são o título e o subtítulo definitivos da obra. É possível que ele ainda os mudasse — muita coisa mudava, no torvelinho mental que precedeu o colapso de janeiro de 1889 —, mas foram os últimos que registrou. As versões que trazem o outro subtítulo tiveram por base, ao que tudo indica, edições alemãs anteriores à de Karl Schlechta (de 1956), na qual pela primeira vez se incorporou o subtítulo atual.

(1) Citação ligeiramente modificada do poeta grego Píndaro (518?-446 a.C.), *Píticas*, X, 29-30. Os hiperbóreos eram, na mitologia grega, um povo que vivia além do vento norte (Bóreas), numa terra de sol e fartura.

(2) Siroco é o vento quente que sopra do sudeste, no Mediterrâneo; para Nietzsche, algo nocivo: cf. *O caso Wagner*, 1.

(3) "moralina": termo cunhado por Nietzsche acrescentando o sufixo *-ina* a "moral", como que denotando uma substância química (nociva ao organismo, segundo ele); a mesma palavra, com a mesma frase, acha-se em *Ecce homo*, II, 1; cf. nota 63, abaixo, sobre o neologismo "judaína".

(4) Pascal (1623-62): cientista e pensador francês, citado por Nietzsche como exemplo de martírio do intelecto pelo cristianismo; cf. *Além do bem e do mal*, seções 45-46, 62, 229; *Ecce homo*, III, 2.

(5) *Décadence* e *décadent* são termos franceses bastante usados nas últimas obras de Nietzsche. Ele os encontrou nos *Nouveaux essais de psychologie contemporaine*, de Paul Bourget (1852-1935), livro que leu intensamente e que fazia parte de sua biblioteca pessoal. Embora tenhamos essas palavras em português (vindas do francês, como tantas outras), elas serão mantidas na forma usada pelo autor.

(6) "padecimento, padecer, compadecer, compaixão": no original, *Leiden*, o texto original se beneficia do parentesco entre *leiden* ("sofrer") e *miteiden* ("compadecer-se"), e do fato de os substantivos a eles correspondentes serem os mesmos verbos substantivados, isto é, escritos com inicial maiúscula; cf. *Além do bem e do mal* (São Paulo, Companhia das Letras, 1992), nota 125.

(7) "Aristóteles, como se sabe": cf. *Poética*, 1449b, 1453b.

(8) "para-si-mesmidade": versão literal do substantivo cunhado por Nietzsche, *Für-sich-heit* — nas traduções consultadas encontramos: *paraseidad, per-seità, pour-soiité, thing-in-itself, for-itselfness, betrokkenheid op zich zelf*.

(9) "Seminário de Tübingen": a célebre instituição onde estudaram Hölderlin, Hegel e Fichte, entre outros, na cidade de Tübingen, próxima de Stuttgart, na região da Suábia.

(10) "mundo erudito": *Gelehrtenwelt*, no original. O vocábulo português mais próximo de *Gelehrt* seria "douto", substantivo que soa rebuscado atualmente. O termo é de uso frequente em Nietzsche; cf. *Além do bem e do mal*, nota 37, e *A gaia ciência* (São Paulo, Companhia das Letras, 2001), nota 55. No presente contexto, os demais tradutores usam *el mundo de los doctos, il mondo degli eruditi, le monde des clercs, the learned world, scholars, de wereld der [...] geleerden*.

(11) "chinesismo königsberguiano": Kant nasceu e viveu na cidade de Königsberg, que agora se chama Kaliningrado e pertence à Rússia); "chinesismo" (*Chinesentum*) porque a China, para Nietzsche, é "um país em que a insatisfação e a capacidade de transformação se extinguiram há muitos séculos; e os socialistas e idólatras europeus do Estado, com suas medidas visando o melhoramento e maior segurança da vida, não teriam dificuldade em esta-

belecer na Europa condições chinesas e uma felicidade chinesa [...]" (*A gaia ciência*, § 24).

(12) Moloch: divindade solar do antigo Oriente Próximo, à qual eram sacrificadas crianças.

(13) "idiotismo, idiota": cf. seções 29 e 31, adiante, em que Nietzsche caracteriza Jesus como idiota e define o idiotismo como "essa mistura de sublime, enfermo e infantil", comparando o ambiente dos evangelhos ao dos romances de Dostoiévski. Walter Kaufmann observa que a palavra "idiota" assume esta significação nos textos de Nietzsche depois que ele descobre Dostoiévski (que, aliás, deu a um de seus romances exatamente esse título, *O idiota*), e aponta para os seguintes trechos: *O caso Wagner*, § 5; *Nietzsche contra Wagner*, §§ 2 e 3; *Crepúsculo dos ídolos*, II, 7; *O Anticristo*, §§ 11, 26, 31, 42, 51-3; *Ecce homo*, cap. "O caso Wagner", § 2. Lembremos, por fim, a etimologia do termo, segundo o dicionário Aurélio: "Do gr. *idiótes*, 'homem privado (em oposição a homem de Estado)'; 'ignorante em algum ofício'; 'homem sem educação', 'ignorante', pelo lat. *idiota*".

(14) "aranha nefasta": Kant é invectivado dessa forma, supõe-se, por lançar "teias conceituais" sobre a realidade; cf. § 38, adiante, e *Crepúsculo dos ídolos*, IX, 23.

(15) Cf. Kant, *Der Streit der Fakultäten* ("A disputa das faculdades", 1798), parte 2.

(16) "tresvaloração de todos os valores": no original, *Umwertung aller Werte*; cf. nota do tradutor em *Ecce homo* (São Paulo, Companhia das Letras, 1995), pp. 119-20, em que se procura justificar a solução adotada. Hoje ela nos parece um tanto rebuscada, não soa natural como a expressão original soa para um alemão, e talvez algo mais simples como "reviravolta dos valores" fosse mais adequado. No entanto, "tresvaloração dos valores" corresponde mais à grandiosidade que esse evento (ou ideia) tem para Nietzsche. Na frase seguinte, "percepções" foi a tradução dada a *Einsichten* nesse contexto; as versões estrangeiras consultadas recorreram a: *intelecciones, idee, lumières, intuitions, insights, inzichten*; cf. *Além do bem e do mal*, nota 67.

(17) "chandala" ou pária: uma das quatro castas indianas; as outras são: os sacerdotes (brâmanes), os guerreiros (xátrias), os comerciantes e agricultores (vaixás); cf. *Crepúsculo dos ídolos*, VII, 3. Nietzsche usa o termo também como adjetivo e amplia o seu significado, designando com ele todos os que considera niilistas.

(18) Em alemão, *freier Wille* ("livre-arbítrio") significa literalmente "vontade livre".

(19) "*pura tolice*": alusão ao nome do protagonista da ópera homônima de Wagner, *Parsifal*, que significaria "puro tolo".

(20) "uma realidade *fracassada*": *eine verunglückte Wirklichkeit* — nas outras versões o adjetivo foi traduzido por: *fracasada, malfatta, naufragée, botched, that has come to grief, mislukte*.

(21) "homem privado": *Privatmann*, no original; cf. o sentido grego original de "idiota", na nota 13, acima.

(22) Ernest Renan (1823-92): historiador francês, autor de *Vida de Jesus* (*História das origens do cristianismo*, vol. I); cf. seção dedicada a Renan em *Crepúsculo dos ídolos*, IX, 2.

(23) "um reino subterrâneo": *ein Souterrain-Reich* — outro indício da influência de Dostoiévski; Nietzsche leu *Notas do subterrâneo*, em versão francesa, no início de 1887.

(24) "*sub specie Spinozae*": "do ponto de vista de Spinoza", paródia da expressão *sub specie aeternitas* ("do ponto de vista da eternidade"), da *Ética* (V, 29), do próprio Spinoza — que inclui um jogo de palavras com a palavra *Spinne* ("aranha", em alemão); cf. *Crepúsculo dos ídolos* (São Paulo, Companhia das Letras, 2006), IX, 23 e nota 104.

(25) Todo substantivo alemão é grafado com inicial maiúscula, de maneira que *Gott* pode ser traduzido tanto por "Deus" como por "deus". O leitor deve ter isso em mente, nesta e em várias outras passagens deste livro.

(26) Vários gramáticos recomendam que se use o verbo na terceira pessoa do plural, pois este seria um exemplo da "voz passiva sintética". Mas preferimos aqui a terceira pessoa do singular, tomando o "se" como índice de indeterminação do sujeito, equivalente ao *uno* espanhol, ao *on* francês e ao *man* alemão. Cf. Rodrigues Lapa, *Estilística da língua portuguesa* (São Paulo, Martins Fontes, 1988, p. 164). Outros gramáticos ressaltam o artificialismo da voz passiva sintética: cf. Cláudio Moreno, *Guia prático do português correto*. v. 3: Sintaxe. Porto Alegre: L&PM, 2005, pp. 165-71.

(27) "uma só coisa é necessária": citação de Lucas, 10, 41-2: "E, respondendo Jesus, disse-lhe: Marta, Marta, estás ansiosa e afadigada com muitas coisas,/ Mas uma só é necessária".

(28) "escolhida": nas edições de Colli e Montinari e de Erich Podach encontramos *gewährt* ("proporcionada, concedida"), na de Schlechta, *gewählt* ("escolhida"). Este último termo faz mais sentido, tanto que todas as versões estrangeiras o adotam, mesmo aquelas declaradamente baseadas em Colli e Montinari (embora nada informem sobre isso).

(29) Referência à célebre "caixa de Pandora", presente dos deuses aos homens, na mitologia grega; cf. *Humano, demasiado humano*, § 71, onde Nietzsche relata e interpreta esse mito, e também *Aurora*, § 38.

(30) "fé, amor e esperança": *Glaube, Liebe, Hoffnung*. Em português se diz "fé, esperança e caridade"; é de supor, então, que na Bíblia de Lutero foi traduzido por "amor" o que nas Bíblias católicas — no Novo Testamento — é vertido por "caridade"; cf. 1ª Coríntios, 13, 13.

(31) Cf. João, 4, 22.

(32) Nesta e em outras seções (a 48, por exemplo), revela-se a influência de Julius Wellhausen, já apontada por vários comentaristas. Wellhausen (1844-1919) foi teólogo e orientalista de renome, autor de *Prolegômenos à his-*

*tória de Israel* e *Resíduos do paganismo árabe*. A publicação integral das anotações de Nietzsche (os chamados "fragmentos póstumos") documentou essa influência. Os trechos dessas anotações relativos à leitura de Wellhausen foram traduzidos por Sánchez Pascual, nas notas à edição espanhola de *O Anticristo* (op. cit., pp. 127-30 e 145-6).

(33) Cf. *Minha religião*, de Tolstói, que Nietzsche leu em tradução francesa (*Ma religion*, Paris, 1885); excertos do livro se acham entre os fragmentos póstumos de março de 1888, no volume 13 da edição crítica de bolso de Colli e Montinari (pp. 102-4).

(34) Nietzsche se refere à *Vida de Jesus*, de David Strauss, que leu em 1864, quando era estudante, e que muito o impressionou então.

(35) "semiótica": é interessante ver o que H. L. Mencken escreveu numa nota à sua tradução: *The world Semiotik is in the text, but it is probable that "Semantik" is what he bad* [sic; erro de impressão] *in mind* ("A palavra *Semiotik* está no texto, mas é provável que ele tivesse em mente *Semantik*"). Na verdade, o termo usado é *Semiotik*, e essa não é a única ocasião em que é empregado por Nietzsche: cf. *Ecce homo*, "As extemporâneas", 3.

(36) Cf. 2ª Coríntios, 3, 6.

(37) "provas da força": o tradutor Sánchez Pascual cita, numa nota, um fragmento póstumo da primavera de 1888 que define bem a expressão: "'*La prueba de la fuerza*'; *es decir, un pensamiento es probado por su efecto* — ('*por sus frutos*', *como ingenuamente dice la Biblia*)".

(38) "uma história de Anfitrião": num episódio da mitologia grega, Zeus assume a forma de Anfitrião, marido de uma bela mulher, Alcmena, para poder possuí-la, e dessa união nasce o semideus Héracles (Hércules). Na frase seguinte há um engano constatado já pelos primeiros editores da obra, que o corrigiram sorrateiramente: o dogma da "imaculada concepção" diz respeito ao nascimento de Maria, não ao de Jesus; esse equívoco se repete adiante, no § 56.

(39) "a um mundo [...] útil apenas para signos": no original, *einer bloss zu Zeichen nützlichen Welt*. O sentido que pode ocorrer primeiramente ao leitor é de um mundo útil apenas *como* signo (o substantivo *Zeichen* tem a mesma forma no plural). Mas também é possível — cremos que o contexto autoriza — uma leitura que considere a provável formulação elíptica do original: um mundo útil para [a criação de] signos. Desse modo se entenderia a clara divisão dos tradutores estrangeiros, em que metade — o francês, o holandês e um americano (Mencken) — adota a primeira leitura, e metade — o espanhol, o italiano e o outro americano (Kaufmann) — adota essencialmente a segunda, como notamos pelas versões que oferecem: *sólo útil para proporcionar signos, utile soltanto per cogliere segni, d'une utilité simplement symbolique, useful only as a symbol, useful only insofar as it furnishes signs, louter als teken bruikbare wereld*.

(40) "mil anos": cf. Apocalipse, 20, 4.

(41) As palavras que Nietzsche põe na boca do ladrão foram, segundo Mateus, 27, 54, ditas conjuntamente pelo centurião e pelos soldados que fa-

ziam a guarda, *após* a morte de Jesus. E o episódio da conversão do ladrão se acha apenas em Lucas, 23, 39-43. Esse trecho — desde "As palavras..." — foi omitido pelos primeiros editores (que trabalhavam para o Arquivo Nietzsche, de Weimar, dirigido pela irmã do filósofo), para esconder o equívoco, certamente.

(42) "*disangelho*": palavra cunhada como antônimo de "evangelho", que significa "boa nova" em grego, como se sabe; cf. § 42, em que Paulo é xingado de "disangelista" (a partícula grega *dys* denota "mau estado, defeito").

(43) "cristianidade": versão literal de *Christlichkeit*, para designar a condição cristã; diferencia-se de "cristianismo", que designa a fé e o movimento, e de "cristandade", que remete ao conjunto dos cristãos. Alguns dos tradutores estrangeiros não acharam necessário fazer essa distinção: *cristianidad, cristianità, la vie chrétienne, le fait chrétien, being a Christian/ Christianity, Christianism, het christelijke*.

(44) "naqueles célebres diálogos em Naxos": cf. *Crepúsculo dos ídolos*, IX, 19 e nota correspondente; cf. também *Além do bem e do mal*, § 295.

(45) "humanidade": o termo original é *Menschlichkeit*, que designa o que é humano; para designar o conjunto dos seres humanos usa-se, em alemão, o termo *Menschheit* (é a diferença que há, em inglês, entre *humanity* e *mankind*). Poucas linhas adiante, "aristocratismo da atitude" traduz *Aristokratismus der Gesinnung* — esta última palavra admite mais de um sentido, como se vê pelas traduções consultadas: *aristocratismo de los sentimientos, aristocraticità del modo di sentire, mentalité aristocratique, aristocratic attitude of mind, aristocratic outlook, aristocratische gezindheid*.

(46) "almas belas": alusão irônica a um título de Goethe (do capítulo VI do romance *Anos de aprendizagem de Wilhelm Meister*).

(47) Os trechos do Novo Testamento são aqui citados conforme a tradução de João Ferreira de Almeida (34. ed., Rio de Janeiro, Imprensa Bíblica Brasileira, 1976). Foram analisadas duas outras versões recentes, talvez mais corretas, mas de linguagem mais coloquial; a de Ferreira de Almeida tem uma linguagem mais... bíblica. As referências colocadas entre parênteses são do próprio Nietzsche; quando se acham entre colchetes, em outras partes do livro, foram acrescentadas pelo tradutor, para evitar um número maior de notas.

(48) Num fragmento póstumo do outono de 1887 há o seguinte comentário a esse trecho do evangelho de Marcos: "— um incitamento à *castração*; como se verifica na passagem correspondente, Mateus, 5, 28: *qualquer que atentar para uma mulher para a cobiçar, já em seu coração cometeu adultério com ela. Portanto, se o teu olho direito te escandalizar, arranca-o e atira-o para longe de ti, pois te é melhor que se perca um dos teus membros do que seja todo o teu corpo lançado no inferno* (no v. 31 [e 32] ele ainda se acha no tema do sexo e na refinada concepção do adultério: já a separação é vista como adultério...)" (vol. 12 da edição de bolso de Colli e Montinari, 10 [200], p. 579).

(49) "*Bem mentido*, leão": paródia de um verso de Shakespeare (*Sonho de uma noite de verão*, V, 1): "Bem rugido, Leão".

(50) "Logo depois": equívoco de Nietzsche — a passagem a que ele se refere está logo antes, na verdade; cf. Mateus, 6, 28-30. Esse erro foi corrigido silenciosamente pelos primeiros editores da obra.

(51) Segundo Colli e Montinari, este § 48 se baseia nas páginas 310-36 do livro *Prolegômenos à história de Israel*, de Julius Wellhausen; cf. nota 32, acima.

(52) "Contra o tédio lutam os próprios deuses em vão": paródia de um famoso verso da peça *A donzela de Orleans*, de Schiller (ato III, cena 6).

(53) A identificação de Eva com a serpente é tirada de uma nota na página 324 dos *Prolegômenos*, de Wellhausen. Mas Walter Kaufmann diz que, embora esta seja uma conhecida etimologia para o nome hebraico *Havvah*, nenhum dos termos dessa língua para "serpente" se parece com o nome. E uma nota da edição do Pontifício Instituto Bíblico (Ed. Paulinas, s. d.) diz: "*Eva*: em hebraico vem de uma raiz que significa *vida, viver*" (nota a Gênesis, 3, 20).

(54) "católico": no sentido primário (grego) de "universal".

(55) "*folie circulaire*": expressão tirada de *Dégénérescence et criminalité*, de Charles Feré (Paris, 1888); cf. a seguinte anotação de Nietzsche, da primavera de 1888: "A *monomania religiosa* aparece habitualmente na forma da *folie circulaire*, com dois estados contraditórios, o da depressão e o da tonicidade" (vol. 13 de Colli e Montinari, p. 358). A expressão também é usada em *Genealogia da moral*, III.

(56) "*in hoc signo*": citação parcial da frase *In hoc signo vinces* ("Com este sinal vencerás"), que teria surgido no ar, embaixo de uma cruz, ao imperador Constantino, e o teria levado a vencer uma batalha decisiva em 312 d.C.; Constantino foi o primeiro imperador romano a converter-se ao cristianismo; cf. *Aurora*, § 96.

(57) "calendarista": *Kalendermann* — o sentido não é claro; a palavra alemã não se encontra em dicionários, e aqui nos limitamos a uma versão mais ou menos literal. Os demais tradutores oferecem: *calendario, venditore d'almanacchi, faiseur d'almanachs, almanac-maker, calendar man, kalenderkenner* (conhecedor de calendário).

(58) *Assim falou Zaratustra*, II, "Dos sacerdotes".

(59) "carlylismo": seria o pensamento de Thomas Carlyle (1795-1881), crítico e historiador escocês que sempre é criticado por Nietzsche; cf. *Aurora*, § 298; *A gaia ciência*, § 97; *Além do bem e do mal*, § 252.

(60) "abnegação, alienação de si": no original, *Entselbstung, Selbst-Entfremdung* — nas versões estrangeiras consultadas: *des-simismación, extrañamiento de sí mismo*; *spersonalizzazione, autoalienazione*; *désappropriation de soi, l'éloignement de soi même*; *self-effacement, self-estrangement*; *self-abnegation, self--alienation*; *zelfverloochening* (autonegação), *zelf-vervreemding*.

(61) Jerônimo Savonarola (1452-98): padre dominicano que instaurou uma "república cristã" em Florença e foi executado; Martinho Lutero (1483-

-1546): o "monge impossível" (*Ecce homo*, "O caso Wagner", § 2) que iniciou a Reforma; Jean-Jacques Rousseau (1712-78): escritor e pensador suíço de língua francesa; Robespierre (1758-94): um dos principais personagens da Revolução Francesa; Claude-Henri, conde de Saint-Simon (1760-1825): pensador e economista francês, "socialista utópico".

(62) "a questão 'verdadeiro' ou 'não verdadeiro', nessas coisas de que falam os sacerdotes, não permite absolutamente mentir": esta é versão literal da frase, tal como se acha na edição de Colli e Montinari: *die Frage "wahr" oder "unwahr" in solchen Dingen, von denen Priester reden, erlaubt gar nicht zu lügen*. Na edição de Podach há apenas a diferença de o sujeito e o verbo estarem no plural (*Fragen* e *erlauben*). Na de Schlechta a frase é diferente, mais clara: *die Frage "wahr" oder "unwah" gibt es nicht in solchen Dingen, von denen Priester reden; diese Dinge erlauben gar nicht zu lügen* ("a questão 'verdadeiro' ou 'não verdadeiro' *não existe* nessas coisas de que falam os sacerdotes; tais coisas não permitem absolutamente mentir"). Lembremos que *O Anticristo* foi publicado em 1894, quando Nietzsche já estava demente. As mudanças na frase foram feitas por Peter Gast (que tinha permissão para fazer correções mesmo quando o autor ainda estava lúcido), para a primeira edição da obra. O motivo para as diferenças, supomos, é o fato de as edições de Colli e Montinari e de Podach terem se baseado no manuscrito, e a de Schlechta, no texto impresso da primeira edição. As versões estrangeiras que utilizamos acompanham o texto de Schlechta — com exceção da italiana e da espanhola.

(63) "judaína": termo criado pelo orientalista alemão Paul de Lagarde (pseudônimo de Paul Bötticher, 1827-91), defensor de um "cristianismo nacional".

(64) "ser cristão": *Christ sein*, no original. A palavra *Christ* significa tanto "Cristo" como "cristão" (lembremos que os substantivos comuns alemães são escritos com maiúscula); de modo que o título desta obra também pode ser lido como "O Anticristão".

(65) "reprimir": no original, *zurückdrängen* — verbo composto de *drängen*, "empurrar, impelir", mais o prefixo *zurück*, "para trás". As traduções consultadas recorrem a: *desalojar, rimuovere, refouler, distract, push* [...] *back, terug dringen*; cf. outro verbo aparentado, *verdrängen*, "desalojar, deslocar", muito usado por Sigmund Freud e tradicionalmente vertido por "reprimir, recalcar".

(66) "leis naturais": tradução que aqui damos a *Gesetzlichkeit* — nas outras versões: *legalidad, legalità, principe, law, lawfulness, wetmatigheid* (legalidade); cf. *Humano, demasiado humano* (São Paulo, Companhia das Letras, 2000), nota 54.

(67) Cf. Horácio, *Sátiras*, I, 9, 44.

(68) "Um direito é um privilégio": *Ein Recht ist ein Vorrecht* — o termo alemão *Vorrecht* (literalmente "pré-direito") permite o jogo de palavras no original.

(69) "*medíocres*": no significado latino original de "mediano, nem bom nem mau" (*mittelmässig*, em alemão); logo em seguida, *Mittelmässigkeit* foi tra-

duzido por "mediocridade", e *Mittelmass*, por "mediania"; cf. *Além do bem e do mal*, nota 123.

(70) Expressão tirada de um famoso verso do poeta romano Horácio (65-8 a.C.): *"Exegi monumentum aere perennius*, 'Executei um monumento mais duradouro que o bronze'. Verso de Horácio (*Odes*, Livro III, 30, 1), expressão de justo orgulho ao dar o poeta a lume os três primeiros livros de suas *Odes*" (Paulo Rónai, *Não perca o seu latim*, 5. ed., Rio de Janeiro, Nova Fronteira, 1980).

(71) "judeu *eterno*": tradução literal de *ewiger Jude*; mas em português se diz "judeu errante". Cf. *Além do bem e do mal*, nota 155.

(72) A rima se dá em alemão: *Nihilist und Christ*.

(73) "autocoação": tradução que aqui demos a *Selbstbezwingung* — as versões consultadas recorreram a: *autovencimiento, coercizione di noi stessi, violence* [...] *sur nous-mêmes, self-discipline, self-mastery, zelfbedwang*.

(74) César Bórgia (1476-1507): filho de Alexandre VI, papa que se destacou pela cobiça e licenciosidade, numa época em que os papas estavam longe de serem os santos de hoje, ele superou o pai em crimes e ambição, vindo a morrer envenenado. Em *A cultura do Renascimento na Itália*, o historiador Jacob Burckhardt — amigo e colega de Nietzsche na Universidade de Basileia — descreve os atos de terror que levariam César Bórgia ao trono de Roma, não tivesse ele próprio morrido, e conclui com esta frase: "Perseguindo tal hipótese, a imaginação se perde num abismo" (parte I, cap. 10). Para Burckhardt, isso é motivo de apreensão; para Nietzsche, de alegria. Cf. *Além do bem e do mal*, § 197, em que César Bórgia é elogiado como exemplo de "animal de rapina", como "saudável monstro".

(75) Nietzsche chegou a terminar *O Anticristo*, mas não a enviá-lo para a tipografia. O estado dos seus papéis, quando perdeu definitivamente a lucidez, não permite certeza absoluta quanto à localização dessa "Lei contra o cristianismo". Karl Schlechta não a incluiu em sua edição (nisso acompanhando as *Obras completas*, de 1919), Colli e Montinari argumentaram que provavelmente ela faria parte do livro e nele a incluíram, impressa em corpo menor, e Erich Podach achou que tanto ela como a seção "Fala o martelo" (que os outros incluem em *Crepúsculo dos ídolos*) fazem parte de *O Anticristo*. Na presente edição acompanhamos Colli e Montinari nesse ponto.

DITIRAMBOS DE DIONÍSIO

Os nove poemas que constituem os *Ditirambos de Dionísio* foram escritos em momentos diversos, a partir de 1883, e reunidos sob esse título em 1888, com vistas a uma publicação que o autor não chegou a fazer (saíram apenas em 1892). A dedicatória foi acrescentada em 1º de janeiro de 1889, dois dias antes de Nietzsche "desmoronar" psiquicamente. Ela foi omitida em várias edições, talvez por se considerar que já seria produto da demência, como os bilhetes que ele redigiu naqueles dias. Alguns desses poemas aparecem, sem títulos, na parte IV de *Assim falou Zaratustra*: "Somente louco! Somente poeta!", no capítulo "O canto da melancolia"; "O deserto cresce", no capítulo "Entre as filhas do deserto"; "O lamento de Ariadne" (sem a aparição de Dionísio no final), no capítulo "O feiticeiro". A edição de Colli e Montinari inclui a introdução em prosa de "Entre as filhas do deserto", que aqui omitimos, como faz Schlechta, por acharmos que destoa do conjunto em versos. "Da pobreza do mais rico" se encontra também em nossa tradução de *Nietzsche contra Wagner* (São Paulo, Companhia das Letras, 1999), e nisso acompanhamos Colli e Montinari, que o incluem na mesma obra.

Segundo o *Dicionário Houaiss*, a palavra grega "ditirambo" designava originalmente um canto de louvor ao deus Dionísio, que depois seria acompanhado de dança e música de flauta. No século VII a.C., com a introdução de um coro e de um solista, veio a dar origem à tragédia grega e, portanto, ao próprio teatro. Também designa, por extensão, um poema que exalta o vinho e demais prazeres da vida. Naturalmente, a palavra pode assumir uma conotação diversa no presente contexto.

Em sua edição bilíngue dos *Ditirambos de Dionísio*, referida no começo destas notas, o tradutor inglês R. J. Hollingdale procura relacionar esses poemas às vivências pessoais e às obras de Nietzsche. Assim, por exemplo, o segundo deles representaria uma lembrança dissimulada da visita que ele fez a um bordel quando estudante, relatada por seu amigo Paul Deussen (e depois aproveitada por Thomas Mann em *Doutor Fausto*, romance notoriamente inspirado em Nietzsche). Embora sejam obras de ficção, alguns pensamentos tipicamente nietzscheanos podem ser encontrados neles, como o *amor fati*, em "Fama e eternidade" e a crítica do anseio de verdade, em "Somente louco! Somente poeta".

(76) Essa dedicatória parece inexplicável, já que o "poeta de Isoline" é Catulle Mendès (1849-1909), poeta, romancista e dramaturgo francês, um dos defensores de Wagner na França, com quem Nietzsche não tinha proximidade. Mas alguns outros dados talvez ajudem. Sabe-se que Mendès havia frequentado a residência de Richard e Cosima Wagner em 1876, quando Nietzsche era amigo íntimo do casal, na Suíça. Sabe-se também que nos dias seguintes a essa dedicatória ele escreveu algumas cartas e bilhetes peculiares, assinados por "Dionísio", "Anticristo" e "O Crucificado", em que se referiu a Cosima como "Ariadne" (desposada por Dionísio no mito grego). Então Catulle Mendès faria parte do mundo de Ariadne, que retornava fortemente ao espírito de Nietzsche naquele momento de dissolução.

(77) "*Selá*": palavra hebraica que aparece com frequência nos salmos bíblicos, possivelmente uma marcação musical. Em algumas versões da Bíblia encontramos *Selá* (cf. a de Ferreira de Almeida, já mencionada); em outras, usa-se "Pausa" (cf. as da Editora Vozes e da Paulinas). Como diz Mário da Silva, responsável pela única tradução de *Assim falou Zaratustra* atualmente reco-

mendável (Ed. Bertrand Brasil), Nietzsche pretendeu, ao utilizar esse termo, "acentuar o sabor de paródia de salmo".

(78) Palavras que Lutero teria dito na assembleia da Worms, quando instado a renegar suas novas ideias; uma das citações favoritas de Nietzsche nas últimas obras.

(79) Nimrod: personagem bíblico; cf. Gênesis, 10, 8-10.

(80) Nas outras versões consultadas: "Em luzes verdes/ o abismo escuro lança brincando ventura para o alto"; *Tra verdi luce/ dal bruno abisso sale un giuoco felice*; *From the brown abyss/ light and green it still dazzles up*; *In green lights/ happiness still plays over the brown abyss.*

# POSFÁCIO

O texto de *O Anticristo* foi dado como pronto em novembro de 1888, mas sua publicação não foi acompanhada por Nietzsche, que, como se sabe, perdeu a razão no começo do ano seguinte. Originalmente foi planejado como o primeiro volume de uma grande obra que seria intitulada *Tresvaloração de todos os valores*, mas terminou se constituindo numa obra autônoma. Foi publicado apenas em 1895, como parte das obras completas do autor, tendo alguns trechos expurgados por sua irmã, Elisabeth Foerster-Nietzsche, responsável pela edição.

De acordo com o *Apocalipse*, o Anticristo é aquele que virá à Terra para semear o crime e a impiedade, até ser vencido por Cristo, antes do Juízo Final. O termo também é usado para designar os que se opuseram ou perseguiram violentamente os cristãos ao longo da história. Esse último sentido poderia se aplicar ao presente livro. Mas, à medida que o lemos, notamos que o título fornece uma impressão errada do seu conteúdo, no que toca à atitude do autor em relação à pessoa de Jesus Cristo.

Pois Nietzsche vê claras diferenças entre o que Jesus foi e pregou e aquilo que o apóstolo Paulo, algum tempo depois, afirmou que ele era e pregava. Na interpretação nietzscheana, Cristo foi um "idiota" no sentido grego da palavra: não considerou realidades externas, apenas interiores; viu o reino de Deus como um "estado do coração", não como algo transcendente e além-túmulo. As noções de culpa, castigo e recompensa lhe seriam estranhas, invenções da comunidade cristã inicial, liderada por Paulo. De modo que a história do cristianismo seria a incompreensão cada vez maior de um simbolismo original: "na verdade houve apenas um cristão, e ele morreu na cruz" (cf. seção 28 e seguintes).

Jesus de Nazaré teria sido o ensejo para o movimento deflagrado por Paulo, o verdadeiro criador da religião do ressentimento plebeu. Nesta concepção de Jesus, que o isenta da culpa pelo "mal" do cristianismo, podemos vislumbrar alguma idealização e identificação. O que não seria de surpreender em quem cresceu numa família intensamente cristã: Nietzsche descendeu de pastores luteranos dos dois lados, seu próprio pai, que ele perdeu aos cinco anos de idade, era pastor, e ele começou e abandonou o curso de teologia, mudando para o de filologia. Num texto autobiográfico escrito aos dezenove anos, disse: "Como planta, nasci junto ao cemitério; como pessoa, numa casa de pastor". Seu último ensaio autobiográfico, escrito aos 44 anos (o primeiro foi escrito aos catorze anos!), teve por título a expressão com que Pilatos indicou Cristo aos sacerdotes judeus: *Ecce homo* ("Eis o homem", *João*, 19, 5).

A paixão com que ele investe contra o cristianismo já pareceria suspeita, já que o ódio, notoriamente, é o reverso, não o inverso, do amor. Pelo menos um comentador percebeu a crítica de Nietzsche como parte da tradição cristã, não como algo alheio e oposto a ela. Então não é incoerente que o autor do *Anticristo* esteja enterrado junto à igreja em que seu pai atuava, no vilarejo de Roecken, perto de Leipzig.

A virulência do ataque de Nietzsche ao cristianismo, nas últimas obras, vem da sua convicção de que este é um movimento pessimista e ascético, negador da vida, e de que a moral cristã baseia-se no ressentimento, é de natureza essencialmente reativa. O papel da compaixão, nessa moral, seria outro indício de seu caráter decadente, por ela ser um afeto nocivo. Nisso ele diverge ostensivamente de Schopenhauer, que via na compaixão um afeto positivo. Segundo Jörg Salaquarda, um dos mais sóbrios intérpretes desses dois filósofos, Nietzsche, embora concordando com Schopenhauer em que a *caritas*, o amor cristão, é uma forma de compaixão, reinterpretou-a como uma forma de piedade — algo peculiar aos fracos e impotentes, para ele.

Mas o próprio Nietzsche, no mesmo livro em que dá início à campanha contra a moral cristã, aponta para o complexo de sentidos que há no termo "compaixão", e em pelo menos uma ocasião o emprega positivamente: no § 76 de *Aurora*, ao criticar o aviltamento da sexualidade pelo cristianismo, diz que "as sensações sexuais têm em comum, com aquelas compassivas e veneradoras, o fato de nelas uma pessoa fazer bem a outra mediante o seu próprio prazer" — e arremata esse belo pensamento com a observação de que tais "arranjos benevolentes" são algo raro na natureza.

Nietzsche já havia traçado uma psicologia do apóstolo Paulo em *Aurora* (§ 68) e uma psicologia do sacerdote na terceira dissertação da *Genealogia da moral*. No presente livro ele oferece, além de uma interpretação psicológica do Salvador, um esboço psicológico da fé e dos crentes (§§ 50-55). Para compreender a fé religiosa seria necessário recorrer à filologia e à medicina. "Filologia" no sentido amplo em que ele utiliza o termo, de leitura rigorosa dos fatos, de honestidade intelectual que rejeita a "prova da força", o argumento de que a fé faz bem, logo, corresponde à verdade. Já a medicina poderia avaliar a degeneração fisiológica, a *doença* representada pelo cristão típico, habitante de um mundo-hospício.

Ao cristianismo é contraposto o budismo, que, embora também seja uma religião decadente, não deriva do ressentimento e prima pelo realismo: não combate a quimera do pecado, mas sim o sofrimento (§§ 20-23). E, como já havia feito em *Crepúsculo dos ídolos*, Nietzsche contrapõe à Bíblia o código de Manu, o tratado que sistematizou as leis e costumes dos indianos. Ele faz a louvação do sistema de castas da Índia, que seria o contrário da bagunça trazida pelo cristianismo, com suas noções de igualdade ante o Pai e de fraternidade, com a valorização do indivíduo em geral (a "plebe") que essas ideias acarretaram. O ideário moderno, desde as revoluções inglesa e francesa, herdou esse plebeísmo cristão, e por isso é também alvo do ódio de nosso autor.

O conjunto dos valores cristãos acha-se representado no inimaginável símbolo de um deus na cruz, algo único na história das religiões, que traduz o quanto há de patológico no cristianismo, segundo Nietzsche. Os valores sadios, opostos a esses, são por ele simbolizados com o nome de Dionísio, o deus do vinho e da fertilidade entre os antigos gregos. As palavras finais de *Ecce homo* são "Dionísio contra o Crucificado", o lema do seu grande projeto de uma *tresvaloração de todos os valores*, que resgataria os seres humanos da masmorra judaico-cristã. Naturalmente isto seria um divisor de águas na história ocidental, assim como, após a "tresvaloração" realizada por Paulo, essa história foi dividida em a.C. e d.C. A lei contra o cristianismo, no final desta edição do *Anticristo*, é datada do "dia primeiro do ano Um (30 de setembro de 1888 da contagem errada)".

Os *Ditirambos de Dionísio*, publicados também neste volume, receberam primeiramente o título de *Canções de Zaratustra*. Em suas derradeiras obras, Nietzsche identifica Dionísio com Zaratustra e se proclama "o último discípulo [ou "apóstolo", a palavra alemã é a mesma] do filósofo Dionísio". Na verdade, chega a identificar-se ele próprio com Dionísio, na dedicatória dos *Ditirambos* e nos bilhetes que escreveu logo antes da crise final.

Assim como no caso de *O nascimento da tragédia*, especialistas nos temas abordados no *Anticristo* provavelmente encontrarão — ou terão encontrado — equívocos no uso das fontes por parte de Nietzsche. Sabe-se, por exemplo, que ele usou uma edição questionável do livro de Manu. Quanto a suas interpretações, certamente há filósofos e teólogos que questionam a vinculação peremptória de religiosidade com moralidade e de cristianismo com ressentimento. E não se poderia dizer que o ascetismo é um traço dominante das confissões cristãs em geral.

É inegável, porém, que no *Anticristo* se reúnem as características que fazem da leitura das obras de Nietzsche uma experiência tão singular, e que constituem um de seus principais legados: uma sensibilidade para correntes históricas profundas, para fenômenos psicossociais de ampla magnitude; uma introspecção pessoal que vislumbra forças inconscientes atuantes no indivíduo e na sociedade; uma atenção para o estado do saber de sua época; e uma negação das fronteiras acadêmicas entre as disciplinas. A isto se junta um prosador e polemista sem igual, assombroso na capacidade de instigar e prender o leitor. Que outro autor começaria um livro com a frase: "Olhemo-nos nos olhos"?

Uma objeção feita à crítica nietzscheana, como foi mencionado, é que o ascetismo não é atributo de todas as seitas e religiões cristãs, mas apenas ou sobretudo do catolicismo. (A diferença entre seitas e religiões parece ser análoga àquela entre dialetos e idiomas: tecnicamente não existe, sendo uma língua apenas um dialeto histórica e politicamente bem-sucedido; na célebre definição de um linguista: "Uma língua é um dialeto com um exército e uma marinha".) A disposição ascética de alguns seguidores foi transformada em imposição para os sacerdotes e modelo para os crentes. O artigo quarto da Lei contra o Cristianismo se refere ao "desprezo da vida sexual" como o "autêntico pecado contra o sagrado espírito da vida". Este é um tema recorrente em Nietzsche: ele jamais perdoa que o próprio instinto de procriação seja maldito e maculado. Em *Além do bem e do mal* há o seguinte aforismo: "O cristianismo deu a Eros veneno para beber — ele não morreu, é verdade, mas degenerou em Vício" (§ 168).

Esta é também a maior das acusações que ele faz à religião cristã — ou ao catolicismo. A julgar pelas informações que chegam diariamente pelos jornais, ela é indefensável: nos Estados Unidos, milhões de dólares são pagos às vítimas de pedofilia por parte do clero católico; na África, a proibição de os fiéis usarem preservativos contribui para a alta incidência de AIDS; em alguns países católicos o aborto é proibido, muitas mulheres morrem ao abortar clandestinamente.

Ainda mais indefensável é a tentativa de, num mundo cada vez mais secularizado, justificar a irracionalidade com argumentos que claramente são expressão de uma fé envergonhada, travestida de razão. Algo assim ocorreu em 2 de setembro de 2004, quando o cardeal-arcebispo de Salvador e primaz do Brasil foi ao *Jornal da Manhã*, na TV Bahia, retransmissora local da

TV Globo, para criticar a decisão da justiça de permitir o aborto de fetos que nasceriam sem cérebro. A notícia fora anunciada no dia anterior, seguida do comentário favorável (claro...) de uma antropóloga e feminista. O depoimento dessa mulher foi reprisado diante do eclesiástico, que então teve a palavra. Dizendo-se totalmente contrário à medida e lamentando-a com pesar, por ela significar a eliminação de uma vida humana, o cardeal acrescentou: "É a razão, não a fé, que assim determina".

Se isso é cristianismo, Deus queira que acabe logo.

*Paulo César de Souza*

# ÍNDICE REMISSIVO

*Os números se referem a seções, não a páginas. "Pr." indica o Prólogo.*

Adônis, 23
Advento, 31
afetos, 7, 20
aflições, 62
Afrodite, 23
Agostinho, 59
álcool, 60
alegria, 21, 25
além, 7, 12, 18, 20, 23, 34, 38, 43, 50, 55, 58, 59, 62
Alemanha, alemães, 10, 11, 52, 55, 60, 61
alma(s), Pr., 15, 16, 19, 21, 23, 29, 37, 38, 40, 43, 45, 49, 50, 51, 52, 58, 59, 62
amor, Pr., 2, 7, 16, 23, 25, 29, 30, 40, 44, 45, 49, 50, 56, 62
anarquistas, 27, 57, 58
Anfitrião, 34
animal, animais, 3, 6, 14, 22, 48
Antiguidade, 51
antissemitas, 55
apóstolos, 31, 45, 53, 57
Aristóteles, 7
arte, 32, 44, 52, 57, 58, 59, 61
ascese, 20
ascetismo, 57
asseio, 46, 52
autoafirmação, 24, 25
autoconservação, 24, 30
autossujeição, 57
autoviolação, 38, 49, 56, 62

bárbaro(s), barbárie, 22, 23, 37
beleza, 24, 46, 51, 57, 61, 62
bem-aventurança, 7, 50, 51
Bíblia, 26, 44, 48, 49, 56
Boccaccio, 46
bondade, 20, 57, 62
brâmanes, 23
bravura, 17, 62
Buda, budismo, 20, 21, 22, 23, 31, 42

carlylismo, 54
casamento, 26
castidade, 8, 23
castigo, 15, 25, 26, 33, 40, 49, 58
causalidade, 25, 39
César Bórgia, 46, 61
ceticismo, cético(s), 10, 12, 54
céu, 32, 33, 34, 45
chandala(s), 13, 27, 45, 46, 51, 57, 58, 60
chineses, 32
ciência, 8, 12, 15, 32, 47, 48, 49, 57, 59
cientificidade, 13, 20
cinismo, 26, 34, 44
civilização, 22
compaixão, 2, 7
conceito cristão de Deus, 16, 18
conceitos morais, 20
Confúcio, 55
conhecimento, 13, 23, 38, 48, 49, 52, 59
consciência, Pr., 9, 12, 14, 16, 21, 25, 28, 38, 39, 50, 54, 57, 61
conservação, 5, 7, 9, 11, 16, 57
convicções, 10, 12, 54, 55
coragem, Pr., 21, 25, 43, 46, 51, 54

*159*

Córdoba, 21
corpo, 9, 21, 22, 51, 56, 59
corrupção, 5, 12, 27, 44, 51, 58, 60, 61, 62
covardia, 46, 61
crente, 45, 50, 52, 54
crueldade(s), 21, 38
cruz, 27, 35, 37, 39, 40, 42, 45, 51, 53, 62
cruzadas, 60
culpa, 26, 27, 33, 41, 49, 58
culto(s), 22, 23, 24, 25, 32, 37, 58
cultura, 22, 29, 32, 43, 49, 51, 57, 58, 59, 60

*décadence*, 6, 7, 11, 15, 17, 19, 20, 24, 31, 42, 50, 51, 52, 55
Demônio, 15, 17, 23, 51
depressão, 7, 20
Descartes, 14
desprezo, Pr., 8, 13, 22, 26, 38, 40, 43, 51, 56, 61, 62
Deus, deus(es), 7, 9, 13, 15, 16, 17, 18, 19, 20, 21, 23, 25, 26, 29, 31, 33, 34, 35, 38, 39, 40, 41, 44, 45, 46, 47, 48, 49, 51, 52, 55, 57, 61, 62
dialética, 32
direitos, 43, 46, 57
doença, 19, 48, 51, 52
dogma, 32, 34
dor, 20, 22, 23, 30
Dostoiévski, 31
dureza, Pr., 51, 57

egoísmo, Pr., 20, 36, 38, 43
energia, 7, 14, 30
entusiasmo, Pr.
Epicuro, epicurismo, 30, 58
escribas, 46
Espanha, 60
esperança, 16, 23, 25, 62
espírito(s), Pr., 5, 8, 11, 13, 14, 15, 17, 18, 21, 22, 28, 32, 36, 37, 38, 44, 46, 47, 48, 49, 50, 52, 53, 54, 55, 56, 57, 58, 60, 62
Estado, 11, 26, 32
eternidade, 9, 34, 58
Europa, europeus, 4, 19, 22, 51, 61
evangelho(s), 27, 28, 29, 31, 33, 34, 35, 36, 39, 40, 41, 42, 43, 44
evolução, 7, 14, 26
excitação, excitabilidade, 20, 22, 29, 30

falso, falsidade, 9, 24, 27, 38, 39, 46, 52, 62
fanáticos, 31, 32, 54
fariseus, 40, 46
fatalidade, Pr., 8, 43, 44, 62
fé, 9, 16, 23, 32, 33, 34, 37, 38, 39, 41, 42, 43, 47, 50, 51, 52, 54, 55, 58, 59
felicidade, 1, 2, 23, 25, 42, 43, 48, 57
fenomenalismo, 20
filologia, filólogo(s), 28, 47, 52
filosofia, filósofo(s), 7, 8, 10, 11, 12, 26, 39, 55, 56, 61
fraco(s), 2, 5, 17
Francisco de Assis, 29
fraqueza, 2, 7, 54, 57
Frederico II, 60

*Genealogia da moral*, 24, 45
gênio, 24, 29, 42, 44, 58, 59, 60, 61
germanos, 55, 58, 59
Goethe, 11
Grande Mãe, 58
gratidão, 16, 43
Grécia, gregos, 23, 59, 60
guerra(s), 2, 5, 9, 13, 20, 31, 32, 36, 43, 47, 48, 58, 60, 61
Guerras de Libertação, 61

hedonismo, 30
herói, 29
higiene, 21, 57

*160*

hindus, 20, 32
hiperbóreos, 1, 7
hipocrisia, 46
história, 6, 12, 17, 20, 24, 25, 26, 29, 31, 32, 34, 37, 39, 42, 47, 48, 53, 55, 57, 58, 60
honesto(s), Pr., 42, 52, 54, 61, 62
humanidade, Pr., 3, 4, 6, 11, 13, 24, 35, 36, 37, 38, 42, 43, 44, 46, 49, 51, 54, 62
*Humano, demasiado humano*, 55
humildade, 8, 44

idealismo, idealistas, 8
Igreja, 21, 24, 26, 27, 29, 32, 34, 36, 37, 38, 42, 47, 51, 52, 55, 59, 60, 61, 62
ilusão, 23, 53
imortalidade, 38, 41, 42, 43, 58
Império Romano, 37, 58, 59
indignação, 57
inferno, 44, 45, 58
Inglaterra, 51
inimigo(s), 13, 16, 23, 29, 31, 40, 47, 51, 55, 61
injustiça, 57
instinto(s), 5, 6, 7, 8, 9, 10, 11, 14, 17, 19, 20, 21, 23, 24, 25, 26, 27, 29, 30, 33, 36, 38, 39, 42, 43, 44, 46, 49, 51, 52, 54, 57, 58, 59, 60, 61, 62
intelecto, 52, 54
inveja, 16, 57, 59
ironia, 31, 36
Isaías, 25
islã, 59, 60
Israel, 17, 25, 26, 27, 42

Javé, 25, 26
Jesus, 27, 29, 32, 40, 41, 42
João Batista, 31
jovialidade, 21, 22
judeus, judaísmo, 17, 24, 26, 27, 33, 40, 42, 44, 46, 55, 58, 60

Juízo Final, 15, 31, 38, 44
julgamento, 9, 32, 40, 41
justiça, 20, 25, 26, 45

Kant, 10, 11, 12, 55, 61

Lao-Tsé, 32
lei(s), 7, 11, 32, 43, 47, 57
Leibniz, 10, 61
lendas, 28, 29
liberdade, Pr., 16, 21, 40, 46, 47, 54, 55
limpeza, 21
linguagem, 15, 20, 26, 27, 32, 43
literatura, 28, 44
livre-arbítrio, 14, 15, 38
lógica, 24, 25, 27, 29, 42, 49
loucura, 45, 51, 53
Lucrécio, 58
Lutero, 10, 39, 53, 54, 61
luz, 7, 32, 44, 45, 56, 57

Manu, código de, 55, 56, 57
Maomé, 42, 55
Marcos, 45
Maria, 23
mártir(es), 53
massas, 37, 42, 43
Mateus, 29, 32, 33, 44, 45
mau, 2, 5, 16, 17, 24, 25, 33, 35, 48, 52, 55
medicina, médico(s), 7, 47, 49
megalomania, 44
melancolia, 38
mentira(s), 8, 18, 26, 36, 42, 43, 44, 46, 47, 52, 53, 55, 56, 57, 62
Messias, 31, 40
metáfora(s), 32, 34
método(s), 13, 22, 28, 59
milagre(s), 26, 31, 32, 37, 52
miséria, 7, 48
Mitra, 58
modéstia, 13, 44, 53

*161*

Moisés, 26
moral, 6, 7, 9, 10, 11, 12, 15, 20, 24, 25, 26, 29, 31, 38, 44, 45, 48, 49, 54, 55
moralina, 2, 6
morte, 1, 5, 7, 21, 26, 33, 34, 37, 40, 41, 42, 44, 45, 48, 53
mouros, 21
mulher(es), 23, 33, 48, 52, 53, 54, 56
mundo, 10, 15, 17, 22, 24, 25, 26, 27, 29, 31, 32, 34, 36, 38, 39, 43, 44, 45, 46, 47, 48, 49, 50, 51, 53, 55, 57, 58, 59, 60

natureza, 1, 13, 15, 18, 24, 25, 26, 27, 32, 38, 43, 44, 47, 48, 57, 59
Naxos, 39
negação, 7, 8, 47, 56, 62
niilismo, niilista, 6, 7, 9, 11, 20
nirvana, 7
nobreza, nobre(s), 21, 37, 45, 49, 51, 56, 57, 58, 59, 60, 61
Novo Testamento, 46

ódio, 15, 21, 29, 30, 39, 42, 46, 49, 53, 58, 61
oração, 20, 21, 33, 56
organização, 26, 27, 58, 59, 62
orgulho, 17, 21, 37, 46, 58
Oriente, 23, 60
Osíris, 58

paganismo, pagãos, 17, 30, 41, 55, 58
paixão, Pr., 8, 36, 54
papa, 38, 61
paraíso, 35, 48
Pascal, 5
pastores protestantes, 10
Paulo, 24, 41, 42, 43, 44, 45, 46, 47, 51, 58
paz, 1, 2, 16, 22, 29, 42
pecado(s), 5, 15, 20, 21, 23, 25, 26, 27, 33, 41, 48, 49, 52, 56, 62

perdão, 15, 33, 41, 49
perfeição, 14, 21, 34, 48, 51, 56, 57
pessimismo, 57
Petrônio, 46
pietista, 52
Pilatos, 46
Píndaro, 1
Platão, 23, 55
pobreza, pobre(s), 8, 17, 26
poder, 2, 6, 9, 16, 22, 24, 25, 26, 27, 29, 37, 42, 51, 52, 54, 55, 57, 58, 59
política, Pr., 27, 32, 43
prazer, 11, 15, 16, 30, 32, 44, 50, 52, 57
progresso, 4, 17
proibido(s), Pr., 23, 48, 52
protestantismo, protestantes, 10, 61
psicologia, psicólogo, 15, 24, 26, 28, 32, 33, 39, 42, 44, 45, 49, 50, 55, 56

razão, 5, 10, 12, 20, 23, 27, 37, 40, 41, 43, 44, 52, 55, 57, 58, 59, 60
realidade(s), 8, 9, 10, 15, 20, 23, 24, 26, 27, 29, 30, 32, 33, 34, 39, 40, 41, 42, 44, 47, 49, 58, 59, 62
recompensa, 25, 26, 32, 33, 41
redentor, 24, 31, 32, 37
Reforma, 61
*Reich*, 61
reino de Deus, 15, 17, 26, 29, 32, 34, 40, 44, 45
religião, 7, 15, 20, 21, 22, 23, 24, 30, 32, 39, 47, 51, 58
Renan, 17, 29, 31, 32
Renascença, 2, 4, 61
ressentimento, 20, 24, 40, 43, 45
Revolução Francesa, 11
Robespierre, 54
Roma, romanos, 52, 55, 58, 59, 60, 61
Rousseau, 54

sabedoria, 23, 44, 45, 46, 47
sacerdote(s), 8, 12, 26, 27, 31, 38, 42, 44, 46, 48, 49, 50, 51, 52, 55, 58, 61
sacrifício, 11, 22, 26, 41, 56, 58
sagrado, 26, 27, 44, 55
Saint-Simon, 54
salvação, 7, 9, 15, 17, 21, 24, 25, 39, 43, 51, 52, 58
*sankhya*, 32
santidade, 8, 9, 51, 57, 59, 62
santo(s), 23, 24, 27, 28, 44, 45, 56, 58, 59
saúde, 20, 51, 62
Savonarola, 54
Schopenhauer, 7
"Seminário de Tübingen", 10
semiótica, 32
sentidos, 8, 13, 14, 21, 59, 60
sentimento(s), 2, 6, 7, 11, 12, 15, 16, 20, 24, 30, 32, 34, 38, 40, 43, 50, 56, 57, 59, 60
seriedade, sério, Pr., 28, 38, 46, 58, 59
simbolismo, 32, 34, 37
sociedade, 26, 27, 31, 32, 57, 58
Sócrates, 20
sofrimento, 20, 23, 30
Strauss, 28
Suábia, suábios, 10, 52
super-homem, 4, 5
superstição, 47, 49, 51, 56

tédio, 21, 48
tentação, tentações, 5, 15, 25, 43, 51

teologia, teólogos, 8, 9, 10, 11, 17, 27, 31, 38, 40, 52, 53
Tolstói, 7
trabalho, 32, 57, 59
tragédia, 7
Trindade, 34

vaidade, 14, 43, 54
valor(es), 3, 4, 5, 6, 7, 9, 13, 22, 24, 25, 26, 27, 32, 37, 38, 39, 43, 44, 46, 51, 53, 54, 55, 56, 57, 58, 61, 62
verdade(s), verdadeiro, Pr., 7, 8, 9, 10, 12, 13, 14, 16, 23, 24, 29, 32, 33, 34, 38, 39, 40, 42, 44, 45, 46, 47, 50, 52, 53, 54, 55, 57, 58, 59, 62
vício, 2, 8
vida, 1, 3, 5, 6, 7, 8, 9, 11, 15, 17, 18, 20, 23, 24, 25, 26, 27, 29, 30, 32, 33, 34, 38, 39, 42, 43, 44, 45, 47, 50, 51, 52, 53, 55, 56, 57, 58, 59, 60, 61, 62
vingança, 16, 20, 40, 45, 57, 58, 59, 62
virilidade, 46
virtude(s), 1, 2, 6, 7, 8, 9, 11, 16, 17, 23, 44
vontade, Pr., 2, 6, 9, 14, 16, 17, 18, 21, 26, 27, 38, 44, 47, 50, 54, 55, 59, 62

Wagner, 7

Zaratustra, Pr., 53, 54

FRIEDRICH WILHELM NIETZSCHE nasceu no vilarejo de Roecken, perto de Leipzig, na Alemanha, em 15 de outubro de 1844. Perdeu o pai, um pastor luterano, aos cinco anos de idade. Estudou letras clássicas na célebre Escola de Pforta e na Universidade de Leipzig. Com 24 anos foi convidado a lecionar filologia clássica na Universidade da Basileia (Suíça). Em 1870 participou da Guerra Franco-Prussiana como enfermeiro. No período em que viveu na Basileia foi amigo de Richard Wagner e escreveu *O nascimento da tragédia* (1872), *Considerações extemporâneas* (1873-6) e parte de *Humano, demasiado humano*. Em 1879 aposentou-se da universidade, devido à saúde frágil. A partir de então levou uma vida errante, em pequenas localidades da Suíça, Itália e França. Dessa época são *Aurora, A gaia ciência, Assim falou Zaratustra, Além do bem e do mal, Genealogia da moral, O caso Wagner, Crepúsculo dos ídolos, O Anticristo* e *Ecce homo*, sua autobiografia. Nietzsche perdeu a razão no início de 1889 e viveu em estado de demência por mais onze anos, sob os cuidados da mãe e da irmã. Nessa última década suas obras começaram a ser lidas e ele se tornou famoso. Morreu em Weimar, em 25 de agosto de 1900, de uma infecção pulmonar. Além das obras que publicou, deixou milhares de páginas de esboços e anotações, conhecidos como "fragmentos póstumos".

PAULO CÉSAR DE SOUZA fez licenciatura e mestrado em história na Universidade Federal da Bahia e doutorado em literatura alemã na Universidade de São Paulo. Além de muitas obras de Nietzsche e de Freud, traduziu *O diabo no corpo*, de Raymond Radiguet, *Poemas (1913-1956)* e *Histórias do sr. Keuner*, de Bertolt Brecht. É autor de *A Sabinada: A revolta separatista da Bahia* e *As palavras de Freud: O vocabulário freudiano e suas versões*, entre outros livros. Coordena as coleções de obras de Nietzsche e Freud publicadas pela Companhia das Letras.

1ª edição Companhia das Letras [2007] 1 reimpressão
1ª edição Companhia de Bolso [2016] 2 reimpressões

Esta obra foi composta pela Verba Editorial
em Janson Text e impressa pela Gráfica Bartira em ofsete
sobre papel Pólen Soft da Suzano S.A.

A marca FSC® é a garantia de que a madeira utilizada na fabricação do papel deste livro provém de florestas que foram gerenciadas de maneira ambientalmente correta, socialmente justa e economicamente viável, além de outras fontes de origem controlada.